欧洲简史

EUROPÄISCHE GESCHICHTE

[德]曼弗雷德·马伊 \ 著   吕叔君 \ 译

人民东方出版传媒
People's Oriental Publishing & Media
东方出版社
The Oriental Press

目 录
CONTENTS

今日欧洲国家简况

序 言
PREFACE

"这是许多欧洲史中的一种。"历史学家哈根·舒尔茨在他《凤凰欧洲》一书的开篇如是写道。本书也可以此为开篇，因为，讲述欧洲历史的方式的确有许多种。

早在写作我的另外两本历史书，即《德国史》和《世界简史》的时候，我就决定将叙述历史的视角限定在最重要的部分，目的是为年轻读者提供历史的宏观概貌。怀着这样的初衷，落笔时自然就必须考虑，应该叙述什么，舍弃什么。对我来说，重要的是，要厘清历史发展的脉络，用易于理解的方式叙述重要的历史事件。作为一个德国人，我不可避免地会以一个德国人的视角叙述历史。而一个葡萄牙人、罗马尼亚人或芬兰人

可能会采用另外的视角，会有另外的关注对象。尽管如此，我仍然希望，我以我的方式公平地对待了所有的欧洲国家及其国民。为此，我已竭尽所能。

在写作本书时，我很清楚，我叙述欧洲史的视角在某些时候会与我叙述《德国史》和《世界简史》的视角相重叠。即使有时从世界的角度，有时从欧洲的角度观察历史，但同一个作者在叙述同一段历史时，雅典、查理曼大帝、法国大革命或两次世界大战的历史自然不会有很大的不同。因此，细心的读者会发现，这三本书中的某些章节难免有相似之处，一本书里的某些段落也能在另一本书里找到。尽管如此，我仍然希望，这三本书的每一本都有一条红线。在我

看来，若要认识欧洲的历史，我们就要时刻提醒自己，不要忘记将目光投向欧洲大陆的边缘，去关注那些常常被忽视的小国，因为它们时不时地会消失在我们的历史视野中，当我们专注于欧洲历史的主线时，这也是不可避免的。所以，我在本书的最后部分附上了一份欧洲所有国家的简要概况。

"欧洲是一座'大房子'。"库尔特·图霍尔斯基在 1932 年写道。我们可以在这句话的基础上再做补充：在这座"大房子"里，居住着众多的"家庭"。过去，这些"家庭"之间经常发生激烈争斗。经历了许多痛苦之后，如今的他们已经能够更加理解彼此，和平共处。或许将来某一天，他们能够真正地成为"一家人"，一起生活在这个共同的欧洲之家里。

欧

洲

简

史

1. 欧罗巴在哪里?

"显然，没有人知道欧罗巴的确切细节。"这句话出自"史学之父"，希腊的希罗多德（约公元前485—公元前425年）。他在大约2500年前写下了这句话。

这句话同样也可能出自我们这个时代。任何谈论或书写欧洲的人，都可能意指不同的东西，比如，他可能意指地理上的欧洲。但与美洲、非洲和澳大利亚不同，欧洲的自然边界并非那么一清二楚，尤其是东部地区。有人认为，欧洲东部地区的边界线为乌拉尔山脉、乌拉尔河和里海。按此划分的话，俄罗斯只有西部地区是属于欧洲的，而东部地区则属于亚洲。假如莫斯科队或列宁格勒队成为俄罗斯足球冠军，就应该允许他们参加欧洲杯比赛，那么，假如来自乌拉尔山脉以东的新西伯利亚或克拉斯诺亚尔斯克的球队也成为俄罗斯足球冠军就不能参加前述比赛吗？事实上，乌拉尔山脉以东的俄罗斯地区也是可以的。问题是，乌拉尔山脉以东的球队至今还没有获得过冠军。

类似的问题还有，如果人们把博斯普鲁斯海峡作为欧洲和亚洲之间的分界线，那么土耳其博斯普鲁斯海峡以西的伊斯坦布尔大部分就属于欧洲，而它的其他地区则属于亚洲。尽管如此，来自土耳其亚洲部分的举重运动员仍然可以代表土耳其参加欧洲赛。对许多西欧人来说，位于乌拉尔山脉或博斯普鲁斯海峡的欧亚边界线还是太靠东了，在他们看来，高加索人和土耳其人根本就不属于欧洲人。显然，在他们眼里，种族的构成相对于地理位置而言更应该成为被考虑的因素。由于欧洲北部、西部和南部都是海洋，其边界概念就清楚得多。从地理上看，关于"欧洲"确实无人能说得清。

上图　数千年来，宙斯和欧罗巴的故事激发了艺术家各种各样的创作灵感。

那么从政治角度看呢？即使在所谓的"东扩"之后，欧盟于2004年5月1日增至25个成员国，欧洲的地理边界与政治边界不管怎样也无法重合。瑞士人仍不愿加入欧盟，尽管如此，任何人都不会说，瑞士不属于欧洲。挪威人虽然两次公投的结果均是反对加入欧盟，但他们还是欧洲人，即便他们自己不喜欢做欧洲人。至于土耳其人是否也这样认为，那很难说。但是，土耳其是下一个加入欧盟的候选国家之一。俄罗斯是否也可能成为欧盟成员，这个问题至今仍然不在考虑范围内，尽管它的西部属于欧洲。在这方面与俄罗斯情况相同的，还有摩尔多瓦、乌克兰或白俄罗斯，他们也都不在考虑范围内。这几个例子足以说明，政治上的欧洲概念比地理上的欧洲概念更加难以把握。

所以，让我们尝试从欧洲名称入手去认识它，这就要从一个传奇故事说起。在腓尼基，也就是今天的黎巴嫩，有一位名叫欧罗巴的美丽的公主。众神之王宙斯爱上了她，并且想得到她。有一天，公主和她的同伴们在海边沙滩上嬉戏。宙斯变为一头公牛，走近女孩们。他略施诡计，让公主坐到了自己背上。公主刚一坐上，宙斯就一跃而起，横穿大海，把她劫持到了希腊的克里特岛。在那里，他向惊魂未定的姑娘坦白，他就是宙斯，他选中了她。多亏了这位名叫欧罗巴的美丽公主，我们这块大陆才有了今天的名字。这是古老神话里的传说，至于这个神话传说的由来，至今无人知晓。不过，这个神话源自希腊，这一点是肯定的。

语言学家们则不像诗人那样，用充满想象力的方式解释欧洲之名的由来。他们认为，这个名称或许起源于闪米特语"ereb"，大意是傍晚、黑暗。在说闪米特语的腓尼基人看来，希腊面朝落日的方向。"ereb"的反义词是"asu"，意指位于太阳升起方向的国家。"Abendland"（西方）和"Morgenland"（东方）的词源学上的涵义便是来源于此。最初，"ereb"只是指希腊陆地的北部，后来才逐渐扩展到更大的范围，先是扩展至整个希腊，然后又由希腊向其他地方扩展。公元前 8 世纪，"欧罗巴"这个名称首次出现在希腊诗人

下图　希罗多德的一张世界地图。希罗多德（约公元前 485—公元前 425）出生在哈利卡纳苏斯，那里建有世界七大奇迹之一。他曾经长途旅行，经过波斯、埃及、巴比伦、意大利以及黑海。约公元前 450 年，他来到雅典，与那时的许多伟大人物过从甚密。其中有索福克勒斯和伯里克利。在此期间，他画了这张地图，这是他旅行之后想象中的世界的样子。

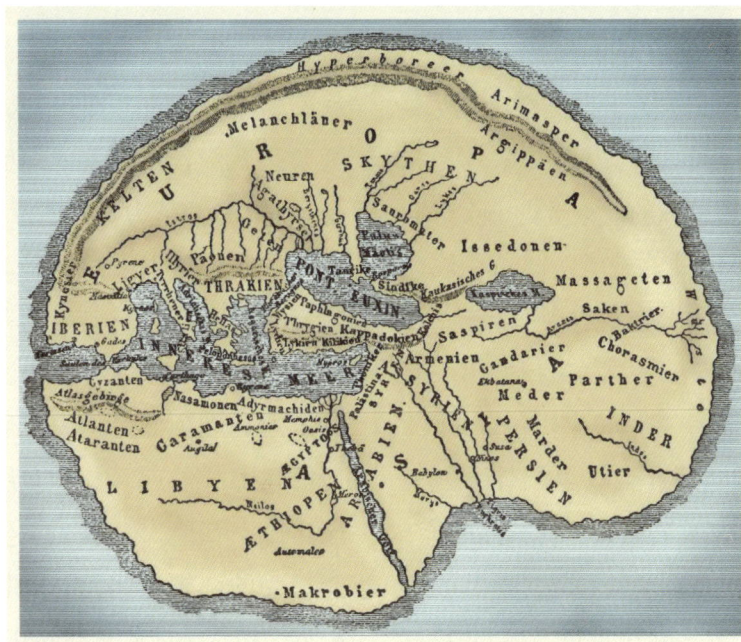

赫西俄德的诗篇里。

公元前 6 世纪末，希腊人将地球划分为两个区域：欧罗巴和亚细亚。希罗多德又补充了第三个区域：利比亚（这里是当时已知的非洲北部）。希罗多德认为，欧罗巴是地球的大部分区域，除了希腊，它还包括多瑙河以北的广大地区。他把顿河（Don）作为欧罗巴和亚细亚的分界线。

关于欧罗巴的由来，诗人和语言学家的版本究竟孰是孰非，至今尚无定论。不管怎样，这个大陆叫作欧罗巴，至少在这一点上人们的意见是一致的。

2. 欧罗巴的由来

数万年以前，欧洲大陆就有人类居住。但是，关于人类祖先的故事不是本书要叙述的内容，本书要讲述的是有关欧洲的政治历史。欧洲始于 2500 年前的古希腊，这一点是毫无争议的。古希腊并不是一个统一的国家，它由许多小国（或曰城邦，希腊语：Poleis）组成，它们各自为政，相互之间经常发生战争。斯巴达和雅典是其中两个最发达的城邦国家，不过它们的发展道路各异。斯巴达推行霸权政治，利用训练有素的士兵占领了伯罗奔尼撒半岛上的一座又一座城市，所有非斯巴达人被迫沦为奴隶。倘若被占领的地区发生骚乱，他们就用武力将其镇压。

雅典人不想采用这种政治。在阿提卡半岛上，雅典统治范围内也存在社会动乱，因为这里富有的贵族压迫和剥削农民。为了避免发生斯巴达那样的起义，就必须采取相应措施，雅典人发明了一种双方都能接受的调解人职位。智慧又德高望重的梭伦（约公元前 640—约公元前561）成为担任这一职务的第一人。他刚上任后就做出决定，对占有土地必须加以限制，不允许富有的贵族购买更多的土地。沦为奴隶的贫民也获得了解放。负债的公民不允许被当作奴隶贩卖，而且他们的债务也被免除了。除此之外，梭伦还制定了产生深远影响的法典，根据这部法典，雅典的未来不再由"神一样"的国王或雅典的一小部分贵族决定，而是由公民自己决定。公民大会每年至少召开四十次，会上讨论城邦面临的所有重要问题，通过法律，做出战争或和平的决定。政府的日常事务则交给一个委员会来处理，其成员从有威望的公民中选举产生。一个独立的人民法庭负责监督法律的执行。梭伦因此建立了一种全新的统治形式。人们称之为民主，即"人民政权"。

梭伦是欧洲历史上第一位伟大的政治家。梭伦和他的后继者克利斯提尼和伯里克利所推行的改革，不仅促成了新的统治形式的建立，而且也产生了新的生活方式，至少对雅典公民来说是如此。对他们来说，起决定作用的不再是命令和服从，而是意见表达和辩论。想说服他人，就必须利用技巧表达出强有力的论据。这种在公共场所进行的思考和讨论，需要从各个方面对事物进行探讨，在这个过程中雅典人发明了哲学。哲学把思想从宗教的束缚中解放了出来，使它得以独立发展。因而关于人、神、天、地就产生了新的思想。

雅典这种新的生活方式和国家形式不久就受到了外部的威胁。在东边，波斯人占领了整个小亚细亚，

上图　梭伦（约公元前640—约公元前561），这是古代绘制的木版画。

并建立了一个强大的国家。他们要求希腊城邦对其臣服，面对强势的波斯，一些希腊城邦也的确这么做了。以雅典和斯巴达为首的那些不想臣服的城邦则要受到惩罚。在这种局势下，斯巴达人和雅典人只有一致抗敌才有出路。然而，公元前490年，当两万波斯人越过爱琴海并停靠在马拉松湾时，斯巴达人却犹豫了起来，雅典人不得不孤军奋战。不过，雅典人并没有等待波斯人前来进攻，而是以一万兵力主动出击。最后，他

下图 马拉松战役。打败波斯人之后，为了传递胜利的喜讯，一位信使跑了大约42千米的路。传说，这位信使到达目的地后就累死了。今天的马拉松赛跑就是因这个故事而得名。

上图 **雅典卫城废墟。**

们成功地将比自己多一倍并号称不可战胜的波斯大军击溃，这在雅典人眼里简直是奇迹，只有用神助之功才可解释。

10年后，波斯帝国皇帝薛西斯又率军进攻希腊。这一次，大部分城邦都搁置争议，并在斯巴达的领导下团结一致对抗波斯人。尽管如此，他们仍然处于劣势，似乎败局已定。但是之后他们诱使波斯舰队进入萨拉米斯海峡并彻底击败了敌人。

在希腊人的自我认知里，他们不仅在众神的帮助下击退了侵略者，而且更为重要的是，这次战争对他们来说也意味着两个世界之间的斗争：是争取自由反对压迫的斗争，是争取民主反对暴政的斗争，是欧罗巴反对亚细亚的斗争。马拉松之战和萨拉米斯之战不仅对希腊意义重大，对整个欧洲的历史来说也意义非凡。因为，通过这次胜利，希腊的文化成就才得以成为欧洲文明的基础。民主作为一种新的统治形式才得以发展。"历史上从来没有过雅典那样的'直接'民主，从来没有达到雅典公民那样的高度参与政治决策的程度。公民大会成为一种完美人格形象的化身，代表了几乎所有可以想象的美德：理性、自信、谦虚、分寸感、公共意识、责任感。"历史学家米歇尔·萨莱夫斯基在他的《欧洲史》一书中这样写道。雅典人的直接民主并没有幸存下来，但是，这种民主形式曾经被思考和实践，并且作为一种伟大的政治理念永世长存。

　　起源于古希腊的其他思想也同样如此：阿那克萨戈拉教导说，太阳不是神，而是一块发光的岩石；德谟克利特声称，物质由最小的部分组成，他称之为原子；希波克拉底意识到，所有疾病都有其自然原因，从而成为医学的创始人。所谓的智者派的理性思想蕴涵在如下纲领性的话里："人是万物的尺度。"对许多人来说，这听起来太新颖了，太具有颠覆性了，于是这些智者遭到攻击和批判。但是，他们的思想和理论却被保留了下来。公元前470年到公元前320年间，雅典出现了和这些智者一样的，迄今为止对西方思想产生了深远的影响的哲学家：苏格拉底、柏拉图和亚里士多德。

3. 条条大路通罗马

　　当雅典发明民主时，罗马还只是台伯河畔一个不起眼的乡村。但是它发展迅速，征服了相邻的村落并不断扩张领地。约公元前500年，罗马的居民已达4万人。和雅典人一样，罗马人也不想继续忍受一个国王的统治。罗马人开始反抗伊特鲁里亚人的统治，推翻了令人憎恶的国王，并建立了罗马共和国（"res publica"，即全体人民的共同事务）。但是，罗马的统治者不像雅典的梭伦那样相信人们具有那么多美德，他们也不认为民主制度符合他们的理想。他们选择了一条折中道路：建立一个城市的行政机构，由两名执政官来行使最高职权。执政官的任期只有一年，两人中任何一人没有另一人的同意都不能单独做出决策，目的是防止其中一个人的权力过大。但真正的权力却在元老院手里，这是一种议会形式，其成员为终身制，由来自富有家庭的男子组成。普通人，即城市平民家的男子，尽管也可以在大会上发言，共同决定法律，选举市政府，但是罗马的所有表决权并不是平等的。一个挖空心思想出来的表决制度，保证了富有的罗马人永远占多数，所有决议都必须经他们同意后才能通过。

尽管如此，平民仍然为自己的国家感到自豪。这也许是因为公元前450年公布的罗马《十二铜表法》①。它的先进性在于保护所有罗马公民不受专制政权的压制，并给予所有公民权利保障。如果不经过正式的法律程序，也没有证据证明有罪，任何人都不得受惩罚。这对于我们今天的人来说，似乎是自然而然的事情，但对那时的人来说却带有革命性。罗马的法律制度后来就成了欧洲许多国家制定法律时参照的样板。

罗马的新主人威力无比，率领一支强大的军队，经过一场又一场战争，几乎占领了整个意大利。从众多的征战中获利最多的是罗马贵族。他们分享战利品，获得战俘，这些战俘要么成为他们的奴隶，要么就被他们售卖。于是，富人变得越来越富，而普通市民却一无所获，或者像农民那样越来越穷。因此，暴力事件和内战此起彼伏。在公元前45年的内战中，盖乌斯·尤利乌斯·恺撒因为统率大军战绩卓著而成为声名显赫的人物，元老院任命他为独裁官，任期10年，不久之后就变成了

---

① 十二铜表法是古罗马国家立法的里程碑，是最早的罗马成文法。因其内容刻在十二块牌子（铜表）上而得名。——译注

上图 马背上的奥古斯都。

终身制。尽管罗马在形式上还是共和国，但实际上恺撒大权独揽。不过他掌权的时间并不长，一年后，他在一次元老院的会议上被谋杀了。

为了确定恺撒的继任者以及未来的政治体制，罗马内部又展开了长达数年的斗争。最终，恺撒的养子屋大维在斗争中占了上风，并于公元前27年被元老院任命为"国家第一公民"。人们称他为"大将军"，意思是军队的最高统帅，另外他还获得了"奥古斯都"的荣誉称号，意思是"至尊者"。由于他是恺撒的继承人，从而又得到了恺撒的名字。后来恺撒就成为"皇帝"的一种称谓。

奥古斯都从恺撒的命运中汲取了教训。他不再展示自己的权威，而是让元老院和公民大会相信，罗马的命运仍然掌握在他们手里，共和国仍在运转。不过，罗马的军队和国库的大权实际是由他一人掌控，没有人能违背他的意志。于是，罗马"共和国"就变成了君主国，皇帝大权独揽。

奥古斯都利用他的权力促进了帝国的艺术和文化的发展。他对文学兴致颇浓，遂召诗人入宫，并为他们提供优厚的生活条件。维吉尔、贺拉斯和奥维德使罗马文学在1世纪达到鼎盛期。这一时期，杰出哲学家塞涅卡以及历史学家李维乌斯和塔西佗的著作成为历史上的经典。

罗马帝国的疆域大约在120年扩展到了最大。地中海沿岸的所有地区，还有高卢（即后来的法国）、莱

茵河的日耳曼尼亚、不列颠的大部分地区、巴尔干半岛、黑海和小亚细亚，都是罗马的天下。聪明的皇帝至少心里清楚，只用武力是无法统治这个庞大国家的。因此，罗马人允许各个民族继续保留他们的风俗习惯，但罗马的法律和罗马的钱币则适用于整个帝国，而且所有的人都应该信奉罗马的神，当然最后一点最难控制。拉丁语和希腊语是两种主要语言，在整个帝国内通用，这对于不同地区的贸易往来非常有利。除此之外，罗马很早就修建了路况良

上图　庞贝古城是古罗马的城市，始建于公元前4世纪。79年8月24日，维苏威火山喷发出火山灰和熔岩将庞贝掩埋在地下。直到18世纪时考古学家才发现了这座城市的废墟并开始了考古挖掘工作。今天人们可以身临其境地参观这座古罗马城市。

好的大道，以便于军队的快速调遣。这个道路网为贸易繁荣提供了基础。军用航船和港口也同样为经济发展创造了有利条件，并在和平时期得以扩建。

罗马的各个省从被占领中获得了巨大利益，并因此迎来了前所未有的繁荣时期，尽管这听起来有些奇怪。一方面，新建了一些城市，另一方面，旧有的城市得以扩建。城市中心建有大广场，广场周围建有房屋，广场可用于举行政治会议或司法审判。手工作坊、商店、客栈和公共浴池也成为常见的城市景观。欧洲各地的许多罗马建筑还一直保留至今，见证了罗马的建筑艺术成就。

4. 一种新信仰

除了希腊和罗马的政治与哲学思想，基督教也成为欧洲文明的一个基石。其源头位于巴勒斯坦，也就是小亚细亚。生活在巴勒斯坦的犹太人并不承认罗马人的占领，他们对多神教深恶痛绝。很久以来，他们只信奉唯一的神，这个神被称为"雅赫维"。他们希望，神会派一位"弥赛亚"，即犹太民族以色列人的救世主，来拯救他们脱离罗马的统治。许多人认为，拿撒勒的耶稣就是这位救世主。耶稣在30岁时，走向民众并向他们布道。所有人都是上帝的子民，天父爱他所有的子民，不管他是谁，也不管他做了什么。上帝之爱是无限的，忏悔者必得赦免。耶稣说的话不像那些犹太祭司和学者那样晦涩难懂。他使用普通人的语言，把上帝的训诫编成关于农民、渔民、不听话的儿子和丢失的羊等诸如此类的故事，这样一来，即使儿童也能听得懂。《圣经》上说，耶稣很快

就赢得了众多的信徒，其中以穷人和弱者为主。他们深信耶稣关于即将来临的上帝之国的教义。因为，在这个上帝之国里，和平和正义统辖一切，所有人皆如兄弟姐妹般互敬互爱、和睦相处。

耶稣的出现以及他的教义对犹太祭司和罗马统治者都是一种挑衅。他受到辱骂和嘲笑，最终不得不为了传播他的信念而牺牲自己。罗马总督本丢·彼拉多判处耶稣被钉死在十字架上。耶稣的门徒，特别是他的"十二使徒"后来宣称，耶稣复活了，并已升入天国。对他们来说，耶稣是

上图　很多艺术家以耶稣为题材创作作品，图为达·芬奇创作的《最后的晚餐》。

上帝之子，是他们一直期盼的弥赛亚，他是基督，也就是救世主。他们在巴勒斯坦建立了最早的基督教牧区。有些人经过小亚细亚前往西方去传布耶稣的福音。使徒保罗是其中的一个关键人物，他是在经历过一次幻景后成为基督徒的。保罗受过良好的教育并且能言善辩，他四处旅行，在各地建立了许多基督教牧区，利用演说和书信四处传布基督教信仰。在保罗眼里，耶稣不仅仅是犹太人

期待已久的弥赛亚，他来到人间也不仅仅是为了拯救犹太人，他更是世上所有人和所有民族的救世主。许多人被这种福音打动，于是它不断传播开来。

罗马统治者起初并没有太关注基督徒，因为那时他们只是无关紧要的少数人，看起来对帝国也不会构成威胁。但是，当罗马帝国内越来越多的人信仰基督教时，基督徒就开始受到迫害。基督徒也被要求信奉罗马皇帝为神。因为基督徒和犹太教徒一样，都只信仰一个神，所以他们拒绝接受罗马皇帝为神，更有甚者，有些人认为，其他所有神都是魔鬼。罗马人认为，这是叛国罪，必须予以严惩。64年，罗马被一次大火烧毁之后，便发生了第一次大规模迫害基督徒的运动。皇帝尼禄声称，基督徒是纵火者。史学家塔西佗在他的《编年史》一书中记述了这一事件：

人们开始抓捕那些信仰基督教的人，然后根据他们的供述将其押送到某个地方，其实并非因为他们纵火，而是出于对他们的仇恨。行刑成了一种大众娱乐：有人身上被盖上兽皮，被狗撕咬，另有人被捆在十字架上遭受毒打，当夜幕降临时被活活烧死。

人们推测，使徒彼得和保罗也在这些受害者之中。

在随后的几个世纪里，时常发生基督徒被迫害的事件，受害者无数。尽管如此，基督徒的数量却有增无减。约300年，罗马帝国里的十分之一居民成了基督徒。从312年至337年，君士坦丁大帝在位期间，局势发生了根本性的转变。为了使帝国的形势稳定，他于313年宣布，"不再干涉信仰自由"，基督徒可以自由地从事宗教活动。君士坦丁大帝想借此获得民心，在他的保护下，基督教成为罗马帝国的主要信仰。

君士坦丁大帝自己是否信仰基督教，或者只是出于政治目的利用基督教对抗其他宗教，至今尚无定论。不过可以确定的是，他在位时期，基督教思想也对罗马法律产生了影响。所以，欧洲的基督教婚姻和作为主日的星期日都得益于君士坦丁大帝。君士坦丁大帝还做了一个意义深远的决定，324年，他将拜占庭定为罗

上图　君士坦丁大帝（约280—337）的洗礼。

马的新首都，并把它更名为君士坦丁堡。这座城市位于博斯普鲁斯海峡，地理位置优越，是连接东西方的枢纽。君士坦丁大帝在新首都修建了许多宏伟的建筑设施，并将罗马的统治秩序和基督教教义以及希腊和东部地区文化融合为一体。君士坦丁堡成为罗马帝国最重要的城市，不久之后，帝国东部在经济和文化意义上就超越了西部。基督教成为帝国统一的纽带，皇帝成为基督教会的庇护者。

君士坦丁堡的最高主教"牧首"向皇帝称臣，但是罗马的主教却不愿意这样做。在信仰问题上，罗马的主教要求对教会有最终的决定权。他的依据是，使徒彼得作为耶稣基督的代表在罗马建立了教堂，他作为罗马的后继者就是基督教的领袖。远

在君士坦丁堡的皇帝只好答应了他的要求，不过随着时间的推移，罗马的主教后来被称作"教皇"，并且被看作西方基督教会的首领。当罗马不再是帝国的首都并逐渐失去其重要意义时，它就成了基督教的首都。

在帝国的东部，发展出了一个独立的教会——"希腊东正教"。其首领就是皇帝，他被视作上帝的代表，并且他的画像上会出现圣光。

就像年轻的基督教发生分裂一

上图 君士坦丁堡和博斯普鲁斯海峡风景。艾瓦佐夫斯基创作于 1856 年。

样，古罗马帝国也于 395 年分裂。西罗马帝国时常受到日耳曼部落的侵犯而日渐衰落，最终不可避免地走向崩溃。476 年，最后一位罗马皇帝被废黜，西罗马帝国不复存在。东罗马帝国，即拜占庭帝国尽管遭受多次外来侵袭而逐渐衰弱，却仍然存在了千年之久。

5. 法兰克王国

自 3 世纪以来，罗马帝国不断地受到来自北方日耳曼部落的侵袭。罗马人虽然奋起反击，但那些"野蛮人"还是太强大了，西罗马帝国最终于 476 年走向了灭亡。从那时起，君士坦丁堡的东罗马帝国皇帝便开始要求对西部的统治权，不过他的统治范围也仅止于希腊和意大利南部。欧洲大部分区域的发展从此便由日耳曼部落决定。当时日耳曼部落的首领并不想要建立一个新的日耳曼帝国，他们尊重罗马人取得的成就，甚至许多日耳曼人觉得自己就是罗马人。如此一来，罗马文化和生活方式与日耳曼习俗逐渐融合了。

日耳曼部落之间并不统一，所以战争时有发生。在相互争战中，诡计多端又冷酷无情的法兰克首领克洛维获得了最大的成功。他谋杀了所有对他构成威胁的部落首领和亲戚，通过这种方式，他的势力变得越来越大，率军征服了阿雷曼、勃艮第、西哥特和整个高卢。500 年，他成为法兰克王国的国王，后来的法兰西、德意志和比利时、荷兰、卢森堡各国就是在这片地域形成的。克洛维皈依了基督教，接受了洗礼并要求他的臣

上图 克洛维于 498 年接受雷米吉乌斯主教的洗礼。图为 1375 年的一本法国书籍中的插画。

民做同样的事情。由此，他成为基督教在西欧的奠基者，尽管他并没有按照耶稣的和平教导行事和生活。基督教因此成为法兰克王国的国教，但日耳曼的异教习俗还是维持了两百多年。日耳曼人的完全基督教化要归功于 8 世纪初的一位僧侣，即后来成为主教的卜尼法斯[①]的积极活动。

克洛维去世 300 年后，加洛林家族的查理曼成为法兰克王国的首领。从一开始，他就树立了一个目标，要将所有日耳曼部落统一为一个王国。经过长久的战争，他终于实现了这一目标。800 年的圣诞夜，查理曼在罗马被教皇加冕为"罗马人的皇帝"，于是，"西罗马帝国"在数百年之后重现。查理曼把自己看作伟大的罗马皇帝的后继者和基督教世界里的尘世领袖。不久，他就被称为"查理曼大帝"[②]，这当然也是名副其实的，因为他不仅是一位战绩卓著的统帅，还是一位科学、艺术和文学的伟大倡导者。

和所有聪明的统治者一样，查理曼很清楚，要使一个庞大的王国长治久安是多么不容易。因此，在日耳曼传统的基础上，他推行了一种贯穿整个中世纪（4 世纪至 16 世纪）的统治形式。为了巩固政权和加强帝国的治理，皇帝必须寻求帮助。于是，他寻找对自己忠诚的人，称他们为"封臣"，并对他们的效忠施以奖赏。这种奖赏并不是以金钱的形式，而是把土地连同土地上的农民一起分封给他们。不过，他们分得的土地和农民并非完全馈赠，二者之间只是一种租借关系。人们称这种土地为"封地"，那些封臣就是封建领主。在中世纪早期，所有土地都归皇帝所有，所以皇帝可以非常慷慨地奖赏封臣。很多封建领主分得大片土地后，又可以将封地分成小块再分封给下属封臣，而下属封臣又可以将封地再继续分封给更低一级的下属封臣。

这样，就逐渐形成了一种封建

---

① 卜尼法斯，原名温弗里德，英格兰传教士。716 年赴德意志北部传教，公元 754 年被异教徒刺杀，有"德意志人的使徒"之称。——译注

② 查理曼大帝，法兰克王国加洛林王朝国王，768—814 年在位。——译注

上图 870年的一尊查理曼大帝青铜像。至于这位法兰克国王是否真的长成这样，无人知晓。

来在东法兰克王国形成了一种惯例，封地可以传给封臣的长子，渐渐地这种惯例被普遍认可，并成为一种有效的法律。

欧洲中世纪的社会秩序主要以封君封臣制为基础。封君封臣制在拉丁语里叫作"feudum"，因此我们把这种制度叫作feudalordnung（封建制度）。这种制度类似于一个金字塔，它由不同的阶层（或曰"等级"）构成。皇帝和教皇处于最高等级，皇帝和教皇下面是世俗诸侯和大主教，他们直接从皇帝那里获得封地。他们和其他贵族、主教以及修道院院长共同构成了第一等级。再往下，骑士、官吏、富裕市民和手工业者构成第二等级。最下面的等级就是依附农和农奴。依附农依附在他们劳动的土地上，不允许搬离，领主也不能把他们从庄园里赶走或卖掉，因为他们不是领主的私人财产。但是，农奴就不同了，农奴普遍被当作奴隶或者某个物件，对待他们不会比对待牲畜更好一些。

儿童的生活和成年人也没有多大区别。对那时的儿童来说今天意义上的童年生活是没有的。孩子们从小

制度，它详细规定了谁是谁的领主，领主与封臣之间都存在哪些义务和权利。最初，封地只属于封臣本人，封臣死后封地要还给领主。但是，后

就必须在家里和庄园里干活。他们很早就结婚，女孩的结婚年龄通常是 13 岁，男孩则是 18 岁到 20 岁。统治者想通过这种方式使臣仆的数量不断增加。

所以说，中世纪的大部分人过着艰辛穷苦的生活，并且蒙昧无知。这种状况数百年内几乎没有变化。

6. 从法兰克王国到法兰西和德意志

查理曼大帝的继任者无法将法兰克王国维系在一起。他的儿子虔诚者路易把王国分给了三个儿子，就像王国是他的个人财产一样。得到疆土的三个儿子开始走向对立，两个弟弟结盟对抗他们的哥哥洛泰尔。在 842 年的《斯特拉斯堡誓言》中，他们在士兵面前发誓将相互保持忠诚。这个誓言必须用古法语宣读给西法兰克士兵听，用古日耳曼语宣读给东法兰克士兵听，这样他们才能听得懂。这表明，法兰克王国也通过一种语言边界而被隔开。当洛泰尔的家族灭亡时，他的王国的大部分地区就落到了西法兰克王国和东法兰克

王国手里。

在接下来的一个世纪里，这两个王国的众多部落首领之间时常发生冲突。除了内忧，还有外患：来自斯堪的纳维亚的北方日耳曼人，又称诺曼人或维京人，越过西法兰克王国的海岸线一带，占领了大片地盘，并于885年兵临巴黎城下。来自卡佩家族的奥多伯爵组织力量抵抗外敌，并拯救了这个王国里最重要的城市。这

大大提高了他的声誉，于是在888年，其他诸侯选他为王。他死后，加洛林家族再次夺取了王位，但在987年，雨果·卡佩终于又确立了卡佩家族的统治。他设法让那些诸侯在他活着的

下图　一位艺术家于1827年将法国诸侯宣誓效忠的场景用一巨幅画作展示出来。此画幅510cm×958cm。其尺寸之大就已经表明这个事件对法国的历史意义。

时候就选王子罗伯特为下一任国王。之后，罗伯特也如法炮制，让自己的儿子成为王位继承人。

卡佩家族的每位国王都留下了一个精明能干的儿子，如此一来，世袭的君主制就形成了。王国以巴黎为首府，即使有许多势力强大的诸侯，也没有能力推翻王权。（卡佩家族的统治一直持续到 1328 年，这对一个统一国家的发展来说无疑是件幸运的事。）为进一步巩固王权，腓力二世走了重要的一步棋。国王想夺回在英国失去的领土，这只有在诸侯的支持下才有可能实现。他号召那些诸侯要有"民族情怀"，于是，所有的诸侯都向他宣誓效忠。有了这个宣誓，法兰克王国在 1214 年 7 月对英国的战争中大获全胜，法国民族国家就此诞生。

在东法兰克王国里，除了国王之外，也有势力强大的诸侯，其中巴伐利亚、萨克森和施瓦本的公爵势力最大。起初，尽管有分歧，他们也仍然维持加洛林王朝统一的观念。但是随着加洛林王朝于 10 世纪灭亡，王国终于分崩离析。于是，一个德意志国家就此形成。936 年，东法兰克的诸侯立萨克森的奥托一世[1]为王。在查理曼大帝去世 150 年后，一位强大的统治者再次坐上王位。奥托一世设法限制诸侯的权力，此外，他还是一位能征善战的统帅。950 年，他征服了波希米亚和摩拉维亚，之后他还成功阻止了匈牙利人的进攻。这些匈牙利人在过去的数十年里总是利用骑兵入侵王国。

955 年，奥托一世率军在奥格斯堡附近的莱希菲尔德战役中给了匈牙利人以致命性的打击，以至于他们从此之后再也不敢贸然进犯了。为了庆祝战场上的胜利，国王下令举行盛大的庆祝活动，在所有教堂和寺院举行感恩仪式。这实际上也是一种巧妙的宣传，从而进一步巩固了他的权力。

奥托一世将自己视为查理曼大帝的后继者，并于 962 年效仿查理曼

---

① 奥托一世（又译鄂图一世），德意志国王，936—973 年在位。——译注

也在罗马被教皇加冕为皇帝。自此，德意志国王再次成为罗马皇帝和基督教的护主。

7. 北欧的故事

早在查理曼大帝时期，在欧洲北方的丹麦人就已经开始与法兰克王国保持距离。他们建立了一条从波罗的海到北海的防护墙，并成功地保持了自己的独立。约950年，所有丹麦人联合起来建立了一个王国。他们的国王哈拉尔蓝牙[1]接受了洗礼，虽然有部下极力反对此举，但他仍然坚决推行基督教化。

自9世纪以来，丹麦维京人就经常入侵法兰克王国、英格兰和南欧，实施抢掠。1000年左右，他们齐心协力进攻英格兰。在丹麦国王克努特二世[2]的带领下，丹麦人最终征服了英格兰，克努特成为英格兰的国王。丹麦人在北海水域的霸主地位当然不符合瑞典和挪威的利益。于是，他们试图团结一致征服南边的邻居，但是丹麦人不仅成功地阻止了他们的进攻，甚至还夺取了挪威的一部分领土。克努特二世因此成为大国的国王，丹麦也成为当时的欧洲霸主。不过，丹麦的鼎盛时期仅持续几年就结束了。1035年，克努特大帝去世，随后这个庞大的丹麦王国就解体了，最后只剩下了一个小国。

欧洲最北端的半岛原本居住着

---

① 哈拉尔蓝牙王，丹麦国王，958—986年在位。——译注
② 克努特二世大帝，丹麦国王，1018—1035年在位。——译注

日耳曼人部落。几个世纪以来，斯维尔人（瑞典人）占据了半岛的东南部，并于约1000年在那里建立了一个统一的自治领地，看起来与今天的瑞典非常相似。自9世纪以来，德意志传教士就尝试使这个国家基督教化，但却遭到斯维尔人的激烈抵抗。直到奥洛夫三世[①] 于1008年接受洗礼后，基督教信仰才在这里扎下了根。

瑞典维京人，又被称为瓦兰吉人，他们既是战士又是商人，沿东欧河流一直南下，形成了一个从波罗的海延伸至黑海的重要商道，那时人们称这条商道为"从瓦兰吉人到希腊人的商道"。

半岛西部的发展也与此类似。9世纪时，那里的许多部落之间也互相争斗。872年，哈拉尔[②] 成功地征服了其他部落，为挪威王国的建立奠定了基础。但是，他死后不久这个王国就瓦解了，在很长时间里，这片土地时而被丹麦人统治，时而被瑞典人统治。

上图　约860年，瑞典维京人统帅留里克率军挺进今天的俄罗斯。这些乘船进入陌生地区的人常常被当地人称作野蛮人。今天许多为儿童和青年写的书籍里，也常常把北欧人统称为维京人。

---

① 奥洛夫·舍特康努格，瑞典国王，995—1022年在位。——译注
② 哈拉尔一世，挪威国王，872—932年在位。——译注

8. 从盎格鲁人和撒克逊人到盎格鲁－撒克逊人

不列颠群岛的大部分地区曾经是罗马帝国的疆域。民族大迁徙时，罗马人逐渐将驻扎在那里的军队撤离，以保护他们的心脏地带意大利免受"野蛮人"的侵袭。自5世纪起，来自今天石勒苏益格－荷尔斯泰因州的盎格鲁人和撒克逊人逐渐移民至不列颠，随着时间的推移，他们演变为一个民族，盎格鲁－撒克逊人。他们占据了这一区域，将当地的凯尔特人排挤到这块陆地北部的苏格兰和西部的威尔士。盎格鲁－撒克逊人成功化解了内忧外患的局势，其统治持续近500年。11世纪初，入侵英格兰的丹麦人被赶走后，盎格鲁－撒克逊的贵族将流亡诺曼底的威塞克斯家族的爱德华唤回，并立他为英格兰国王。这些贵族知道，爱德华为人虔诚，对政治没有特别的兴趣，所以，他们认为他不会渴望强大的王权。一个势力强大的国王并不符合贵族们的利益，他们更愿意维持自己的权力，如果必要，甚至会以牺牲国王为代价。他们的意愿似乎也得到了满足。戈德温伯爵家族成为势力最强大的贵族家族，戈德温和他的儿子逐步接管了政府。由于国王没有孩子，他们寄希望于国王死后能坐上国王的宝座。但是，爱德华却答应让他的表弟——诺曼底公爵威廉，继承王位。

1066年1月，爱德华去世后，贵族们推选哈罗德·戈德温做国王。但威廉并不情愿放弃国王许诺给他的王位，于是他率一万士兵渡过海峡。1066年10月14日，他的军队在黑斯廷斯战役中击败了盎格鲁－撒克逊军队，哈罗德在战争中被杀，被称为"征服者"的威廉在威斯敏斯特教堂被加冕为新的英格兰国王。为

THE NORMAN KNIGHTS LANDING IN ENGLAND

上图 这件著名的贝叶挂毯来自 11 世纪，长达 70 米！它描绘了诺曼人对英格兰的征服。

了巩固自己的统治，威廉剥夺了盎格鲁－撒克逊上层阶级的权力，取而代之的是他信任的诺曼——法国贵族。这些贵族说法语，因此法语当时一度成为该国上层阶级的语言。威廉推行法国的封建制度，以便于组织国家和教会的生活。

担任英格兰国王的威廉仍然是诺曼底公爵。他和他的继任者一样，都不想放弃自己在法国所拥有的财产这一做法成为法国国王的眼中钉，双方之间冲突频发。英格兰国王为了保护自己的财产，每年都在法国待

上几个月。而英格兰贵族则利用国王的长久缺席来削弱其影响力。在"无地王"约翰一世[1] 在保护其法国领地的战争中失败时，贵族们认为这是一个大好时机，于是，在约翰一世强行征税时，他们迫使国王在《大宪章》上签了字。这份具有世界历史意义的文件首次确立了一项条款：只有经诸侯、主教和男爵的同意，国王才可以征税。一个由上层贵族组成的议会负责监督这一条款的实施。随着时间的推移，议会逐渐发展成一个为国王的所有重要决定提供建议的特别委员会。这是限制王权的第一步，是人民议会代表制的萌芽。

---

[1] 约翰一世是英格兰安茹王朝（也称"金雀花王朝"）的第三位国王。他执政期间是英格兰王国实力极度衰弱的时期，失去了英格兰王国在欧洲大陆的大部分属地，因此被称为"无地王"。——编者注

Magna Carta of King John, AD 1215

上图   1215 年 6 月 15 日的《大宪章》被认为是通往议会民主之路的里程碑。

9. 狂野东欧

自4世纪以来，许多斯拉夫部落逐渐在东欧定居。有的部落打败了其他的部落，变得强大起来并建立了公国。9世纪，基辅罗斯公国成为其中强者，居住在那里的瑞典瓦兰吉人占主导地位。他们被称为罗斯人（Rus），这个词源自芬兰语，ruotsi是指瑞典，ruotsalainen指的是其居民。后来，罗斯的名字泛指所有基辅罗斯公国的居民，涵盖了今天俄罗斯的欧洲部分、乌克兰和白俄罗斯。

但是到了10世纪，另一个公国就对基辅罗斯公国在东欧的霸权地位构成了威胁。一个犹太商人在这一地区旅行时做了如下记述："梅什科是这些国家里幅员最为辽阔的。它盛产谷物、肉类、蜂蜜和鱼。而且梅什科拥有三千重甲骑兵，他们能够以一敌百。"

梅什科是"波兰"大公，波兰这个名字就来源于他。他于966年受洗，使这个国家加入了欧洲基督教大家庭。他的儿子波莱斯瓦夫成为"波兰尼亚"（Polonia，是该公国在1000年时的称谓）的第一位国王。在他统治期间，训练有素的波兰尼亚军队征服了西里西亚、波美拉尼亚和摩拉维亚。之后，波兰尼亚人又向东进军，一直到基辅地区。一个如此强大的王国在德意志诸侯和基辅王国看来，都是威胁。经过多次战争之后，波兰尼亚又失去了曾经占领的大部分领土。其新的疆界大致与今日波兰相当。在之后的数百年里，波兰的动荡都与西边和东边的两个大邻居息息相关。

匈牙利人（或称马扎尔人）成了波兰人的南部邻居，尽管他们不属于斯拉夫部族。他们的起源地位于乌拉尔山和里海之间。在过去的数世纪里，他们逐渐向西迁移，最终在900年左右越过了喀尔巴阡山。在蒂萨河与多瑙河中游的肥沃土地上，就有10万户家庭在此安营扎寨。但是这个好战的游牧民族并不打算在这里安家落户。就像当年来到罗马的匈奴人一样，这些匈牙利人也在欧洲引起了恐慌。他们迅捷的骑兵大军四处突袭，铁蹄越过北海，来到法国和意大利，兵临拜占庭。直到955年，在奥格斯堡附近的莱赫菲尔德战役中，匈牙利人失利后才最终定居下来。

对他们的欧洲邻居来说，匈牙利人的语言听起来是完全陌生的。这种语言既非斯拉夫语，又非日耳曼语，既非希腊语，又非罗曼语。在欧洲，只有芬兰人和爱沙尼亚人会说这种语言，他们和马扎尔人一样，都属于芬兰 - 乌戈尔人。由于他们的习俗与匈奴人相似，后来不知何时，匈奴人（Hunnen）和乌戈尔人（Ugri）最终就成了匈牙利人（Hungaria）。直到今天，匈牙利的汽车牌号首字母还是 H。

定居下来之后，匈牙利人开始逐渐与斯拉夫民族融合，10世纪时，聪明的盖萨大公统治着匈牙利，他对于民族融合并不介意。他逐渐认识到，只有彻底改变自己的生活方式，他们的民族才能生存下来。他认为，这些改变中最重要的就是要融入西方基督教文明。对他自己来说，要改信这种宗教还有困难，尽管如此，他还是让他10岁的儿子沃伊克以斯蒂芬之名接受了洗礼。他考虑的不仅是基督教信仰问题，还有婚姻外交政策。后来，他居然成功地让儿子迎娶了巴伐利亚公爵的女儿，匈牙利借此加强了与西方国家的联系。

作为摄政王，斯蒂芬延续了父亲的政策，他需要教皇的祝福，这样才能使他的国家作为一个平等的成员融入西方世界。他的计划赢得了德意志皇帝[1]的支持。他致力于让教皇西尔维斯特二世承认匈牙利的地位。教皇将埃斯泰尔戈姆大教堂升格为主教座堂，并于1001年1月1日加冕斯蒂芬为国王。斯蒂芬没有从德意志皇帝手中接过王冠，而接受了教皇西尔维斯特二世赠送的一顶金质王冠，这对于匈牙利的未来意义深远：所谓的"斯蒂芬王冠"成为匈牙利独立的象征。

---

[1]　此处指的是神圣罗马帝国皇帝。962年至1806年是神圣罗马帝国时期，即德意志第一帝国。——编者注

上图 斯蒂芬王冠上的弯折十字架引人注目。据传说，1440 年，一位宫女从不受欢迎的瓦迪斯瓦夫一世国王那里偷走了王冠，以便将它带到维也纳。王冠在这个过程中受损。瓦迪斯瓦夫一世死后，王冠又被带回匈牙利，并让王冠上弯折的十字架保留了原样。

10. 谁更有权力？

　　10 世纪和 11 世纪的建国浪潮彻底改变了欧洲的政治版图。位于欧洲中部的是"德意志民族神圣罗马帝国"，在很长时间里，它都是欧洲最大并且势力最强的帝国。尽管这些新国家之间存在许多分歧，但是它们有一个重要的共同点：基督教是它们的国教。虽然教会势力得以加强，但是它的状况并不好。

许多人仍然信奉他们旧有的神；乡村的牧师过着贫穷的生活，他们更关心自家的事情而不是牧区的利益；较高级的神职人员大部分也不想创造一种模范的生活，修道院越来越"世俗化"，一种与之对立的运动开展了起来。这场运动的发源地是勃艮第的克吕尼本笃会修道院。这个修道院的修士主张严守圣本笃所定会规，也就是要求修会兄弟们"祈祷和劳动"（ora et labora）。克吕尼的修士认为，不仅修道院的生活需要改变，整个教会也需要改革，他们指责教会过于接近世俗事务。自查理曼大帝以来，教会和世俗统治之间的关系确实变得日益紧密。于是针对应该如何处理世俗与教会统治之间关系的问题开始了长期的争论。

德意志皇帝亨利三世和他的前辈一样，都把自己视为基督教的保护者。怀着这样一种理念，他想结束教会里的乌烟瘴气状态，直接废黜了自己不满意的教皇。教会对此非常生气。亨利三世39岁时去世，他年幼的儿子继承了皇位，教会认为，

右图　亨利三世（1017—1056）画像。

Heinrich · III · Qui litem aufert, execratione in benedictionem mutat.

机会来了。在不受皇帝干预的条件下，由七位红衣主教选举出了教皇。

1073 年，克吕尼修道院以前的修道士希尔德布兰德以格里高利七世之名坐上教皇的宝座，他非常虔诚，并坚信自己就是基督在尘世的代表。1075 年，他颁布了非常大胆的《教皇敕令》（*Dictatus Papae*）[1]，其中他列举了神权和世俗权力之间的关系：

只有教皇可以任命和罢免主教。

只有教皇拥有帝国徽章（皇权的标志）。

所有诸侯都必须亲吻教皇的脚。

教皇可以废黜皇帝。

教皇的判决任何人都不可撤销。

没有人可以对教皇执行司法权。

教皇可以撤销臣民对品德败坏统治者的效忠誓言。

罗马教会从未犯错，也永远不会犯错。

格里高利提出这些最高纲领的目的并非要与诸侯加以讨论，达成妥协。不，绝对不是，他表现了丝毫不容置疑，无论如何要推行这些基本原则的态度。

欧洲的诸侯们为此怒不可遏，尤其是亨利四世。年轻的国王不想接受这些苛刻条件，不想放弃主教任命权，因为这会削弱他的统治地位。他在意大利的几个教区任命了自己信任的主教，以示抗议。教皇随后给他写了一封信，信的开头写道：

上帝仆人的仆人，格里高利主教，向亨利国王致以问候和使徒祝福，假如他能够像一个基督教国王那样服从罗马教廷的话。

这封信写得已经够清楚了，但是格里高利还想说得更清楚些：假如亨利不服从，那就是有罪，就意味着会受诅咒。

亨利四世决定以眼还眼，以牙还牙。他和他的亲信经过商议后也给教皇写了封信。在信的开头，教皇被称作"希尔德布兰德兄弟"，他作为希

---

[1] 《教宗敕令》是对教宗的 27 种权力的汇编，其中包括教宗在 1075 年的登记册中所拥有的权力。

——译注

尔德布兰德修士过着不检点的生活并骗取了彼得的交椅。自那以后，他只是挑拨离间，并使教会蒙羞。信的结尾说，教皇已被废除。

教皇随即宣布对亨利四世实施"绝罚"，也就是将国王逐出教会，并要求国王的臣属不再效忠于他。

"当国王受绝罚的消息传到臣民的耳朵里时，举国震惊，"一位同时代人这样记述，"人们简直不敢相信，他们的国王会像一个罪犯一样受到绝罚，这真是千古奇闻。"

不久，绝罚的效果就显现出来了。许多诸侯选择站到教皇一边，否则，他们自己也会面临绝罚的危险。除此之外，他们也希望借此削弱国王的势力从而壮大自己。亨利四世面临着巨大的压力，最终不得不亲自前往意大利，与教皇和解。国王身着忏悔服，来到卡诺莎城堡，跪在教皇面前请求宽恕。作为慈悲为怀的基督徒，教皇格里高利别无选择，只好接受这个悔过的罪人重新回到教会的怀抱。亨利四世选择的这一艰难路程是非常聪明的一步棋，被后世称作"卡诺莎之行"载入史册。

但是，"卡诺莎之行"后，冲突

上图　画中的亨利四世跪在修道院院长雨果·冯·克鲁尼和玛蒂尔达·冯·图齐安伯爵面前，乞求他们在教皇格里高利那里为自己美言几句。

并没有结束。数十年之后，双方才相互做出让步，首先是在英国和法国，然后是在"神圣罗马帝国"，1122年双方最后妥协，并签署了《沃尔姆斯宗教协定》。协定对教会和世俗统治者的职责和权力做了明确规定。教会权力和世俗权力的分离也因此迈出了重要的一步。同时，协定还巩固了教皇作为基督教领袖的地位。

11. 以十字架之名

对中世纪的人来说，宗教不是抽象的事物，而是某种与尘世生活息息相关的东西，基督教信仰构建了他们生活的基础。这是因为他们希望自己在尘世生活里所经历的辛劳能够在天堂里得到报偿。为此，他们必须按照宗教戒律生活。一个人如果做不到这一点，那么他就要请求上帝宽恕他的罪，并为此做忏悔。许多基督徒还要去圣地朝圣，去巴勒斯坦和耶路撒冷，因为耶稣曾经在那里生活和受难。起先，那里生活的穆斯林阿拉伯人允许朝圣者进入圣地。但是，当塞尔柱突厥人于 1071 年占领这里以后，情况就发生了变化。突厥人发现，那些朝圣者可以成为一种收入来源：若要参观圣地，就必须购买门票。返回家乡的人讲述了塞尔柱突厥人针对基督徒的各种"暴行"。

讲述者对他们的经历可能有某些夸张的成分，但是，对教皇乌尔班二世来说，这是讨伐异教徒千载难逢的好时机。1095 年，教皇利用煽动性的言论呼吁基督徒向突厥人开战：

> 一个被诅咒的民族，一个不信上帝的民族，残暴地袭击了基督之国，他们烧杀抢掠……我宣布，凡能拿起武器去讨伐异教徒者，他们的罪将全部被赦免，凡在圣战中牺牲者，将获永生。

教皇的呼吁不仅得到了贵族和骑士的响应——教皇的呼吁主要是针对他们的——而且也得到了农民、手工业者甚至妇女的响应。约有 33 万人响应了教皇的号召。他们参加"圣战"的动机不尽相同，有些人可能想逃脱目前生活的窘境，有些人可能希望借此发一笔横财，有些人可能真的想赎罪。东征的大军来自欧洲各地，1096 年 8 月，以十字架之名召集的大军就踏上了前往巴勒斯坦的征程。经过3年的艰苦跋涉，第一次东征终于到达了目的地。骑士团占领了耶路撒冷，并残酷地血洗了那里的穆斯林和犹太人。突厥人被赶出圣地，那些参与这次东征的不想返回家乡的人就在当地建立了基督教教区，甚至有些人还建立了独立的小国。但他们经常受到周边伊斯兰国家的威胁，所以不得不寻求西方的增援，结果后续又发生了多次东征。尽管如此，1300年，耶路撒冷和圣地最后还是重新被穆斯林占领。

从军事上看，这次东征以失败告终。但是，对西方基督教世界来说，东征并非一无所获。其收获就在于，数百年来，西欧第一次与优于自己的文明有了接触。东征队伍里的大部分人来自乡下，来到东方之后，他们见到了拥有多层建筑的雄伟城市，有些建筑甚至富丽堂皇。他们见到了公共浴池、医院、药房、大清真寺、图书馆和学校。他们认识了天鹅绒和丝绸、瓷器和玻璃器皿，还有东方香料。早在东征期间，东方和西方就有贸易往来，意大利的港口城市如威尼斯、比萨和热那亚已经成为繁

上图　12世纪的骑士团东征壁画。

荣的贸易中心。除了许多商品之外，医学和自然科学知识、阿拉伯数字以及被阿拉伯人保存下来的古典遗产也通过这次东征进入了西欧。不夸张地说，东征达到了与其目的相反的效果：骑士团远征东方，本来的目的是想从野蛮的异教徒手中解放圣地。当他们到达目的地以后便发现，那里的人比他们自己要文明得多，基督徒反而需要向穆斯林学习。可以说，西方世界以这样的方式从战争中获益匪浅。

12. 城市的兴起

今天欧洲许多地方保存完好的城堡或者已成废墟的城堡遗址都见证了那个久远的骑士时代。骑士生活仍然是许多书籍和影片时常涉及的题材，骑士以及他们的家庭生活往往充满浪漫色彩。

骑士原来是重装上阵的骑兵，他们跟随主人行军打仗。后来，由于骑士在东征过程中发挥了重要作用，骑士身份逐渐被赋予了一种特别意义。骑士要遵守严格的规则，他们拥有一种独特的生活方式。骑士有自己的优势，也要捍卫信仰和正义。一个真正的骑士应该保护弱者，帮助需要帮助的人，要诚实可靠、宽宏大量、慷慨大方、无所畏惧和品格高尚。这在理论上听起来很完美，但是骑士并非圣人，实际上这些都很难真正做到，并且也不是每个骑士都想过这种生活。我们只需回想一下某些强盗骑士的所作所为就能对此有所认识了。

在城堡里的生活并不舒适，甚至可以说相当单调，尤其是冬天。能够调剂一下这种单调生活的活动也就是马上比武、节日庆祝，还有宫廷抒情诗朗诵。诗人会朗诵他们的诗歌或讲述传奇故事，其间也会有音乐伴奏。与主导中世纪文学的宗教诗歌不同，骑士诗不需要学者们使用的拉丁语，而是使用民族语言。于是，在法国诞生了《罗兰之歌》，在德国诞生了《尼伯龙根之歌》。

骑士时代的鼎盛期一直延续到13世纪。与此同时，城市开始兴起，市民时代也随之而来。在这段时期起决定作用的是日益增多的贸易活动。一些重要商路的交会地，渡口和码头，城堡和修道院附近，逐渐出现了新兴城市，市中心一般都有一个大市场。商人、手艺人和农民会在市场上售卖他们的货品。只有当他们在

上图 《罗兰之歌》中的 8 个场景。

世俗统治者和教会那里交纳了税金后，他们才被允许进入这个市场。这种税收收入可以源源不断，城市当权者就特别愿意吸引更多的商人和手艺人到城里做生意。但是，只有当生意好做时，也就是当有更多买主时，这些商人和手艺人才愿意来这里。所以，城市当权者必须想办法让更多的人搬进城里生活。于是，他们免除了那些新市民的税，或者至少在一定时间内免除他们的税，并允许他们自由选择职业和居所，假如他们愿意，还可以在这里结婚。那时流行一句口头禅："城里的空气能让人自由。"这样一来，越来越多的人涌入城市。手工业和贸易渐渐繁荣起来，不久那些富裕的手工业者和商人就开始参与城市的管理事务和城市政治活动。甚至可以说，他们就像古罗马的"城市贵族"。

城市生活的自由并未消除贫富差距。城市里有许多婢女、仆人、手工学徒以及诸如此类的人，他们过着朝不保夕的生活，仔细观察后就会发现，这些人并不比那些依附农更自由。

城里还有这样一群人，对他们来说，城里的空气并不能带来自由，这群人就是犹太人。1—2世纪，犹太人被罗马人从他们的家乡驱赶了出来，从那时起，他们就分散在世界各地。他们的信仰和习俗让他们有一种强烈的归属感，但这并不能消除他们被当作局外人的感觉。在中世纪的城市，犹太人生活在一个被称作"Getto"（这个词现在多用于称呼贫民区）的封闭的聚居区里。1215年，甚至有了一项特殊规定，根据这项规定，犹太人必须穿一种能够让人识别出来的衣服。人们强迫犹太人戴尖顶礼帽，衣服上缝一块黄色布片。早在中世纪时，犹太人就常常遭受歧视和虐待，被迫害或被谋杀。

这个时代的大赢家是那些商人，尤其是那些从事远程贸易的人。他们积累了大量财富，建起了小型工场或手工工场。14世纪时就建立了最早的靠放贷吃利息的银行，一些早期"资本家"，如意大利的美第奇家族、德国的富格尔家族，可以说富可敌国，他们甚至把钱借给皇帝和教皇，并借此对重大政治事务施加影响。

随着城市的兴起，中世纪的建筑艺术也有了发展，还诞生了世界上最早的大学。人们在市中心广场和宏伟的市政厅旁边修建了主教座堂和大教堂，这些建筑至今还是欧洲各城市里的一道亮丽的风景线。

同样重要的还有那些建于 12 世纪至 14 世纪的早期大学，如博洛尼

上图　图中是中世纪最重要的历史建筑之一，斯特拉斯堡大教堂。始建于 1176 年，竣工于 1439 年，是欧洲著名的哥特式教堂。

亚大学、巴黎大学、剑桥大学、布拉格大学、维也纳大学、海德堡大学以及科隆大学。这些大学不仅教授正统的宗教，还教授科学思想。中

世纪并非如人们后来所认为的那样，只是一个"黑暗时代"。

人们之所以把中世纪看作"黑暗时代"，其中一个主要原因是，那时战争频发，给人们带来了无尽的苦难。此外，还有数千妇女被施以酷刑并被活活烧死，因为她们被指控与魔鬼结盟。这些悲惨的事情让人感觉时代的确很黑暗。

中世纪发生的最为深重的灾难还有鼠疫①。14 世纪，欧洲约有三分之一的人口死于鼠疫。这一切让那些刚刚走出中世纪的人们记忆犹新，他们把刚刚经历的时代称作"黑暗时代"，也是可以理解的。

左图　这幅画展示了一位穿着不寻常服装的罗马医生。这件衣服是为了保护他免受鼠疫的侵袭。因为这种瘟疫面具的外形像鸟嘴，因此身着这种服装的医生通常被称为"鸟嘴医生"。

---

①　鼠疫在 14 世纪时被称为"黑死病"，是会导致高死亡率的大流行病，病死率高达 30%~60%，曾在欧洲造成约 5000 万人死亡。——译注

13. 基督教会的分裂

　　1500 年前后，西欧只有一个基督教会，其首脑是罗马教皇。这个教会逐渐变得越来越世俗化。与耶稣基督的教义和人的灵魂拯救相比，许多大主教更关心金钱、奢华的生活和权力。教廷需要大量钱财用于维持其奢侈生活。16 世纪初，教皇利奥想建一座世人未曾见过的教堂，因此需要开发额外的财源。于是他想出了一个狡猾的计策——出售"赎罪券"。他派布道者向信徒们宣称，只要他们购买"赎罪券"，那么信徒们的罪就可获赦免，免遭炼狱之苦。

　　这项违背基督教教义的生意遭到德国神学家马丁·路德（1483—1546）的强烈抵制。1517 年 10 月 31 日，路德发表了《九十五条论纲》[①]。他认为，那些售卖"赎罪券"的布

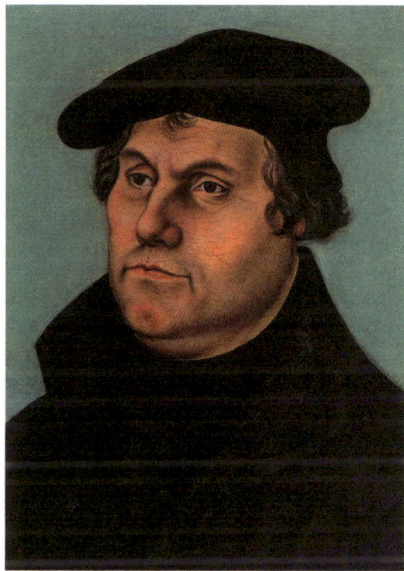

上图　马丁·路德画像。

道者要么是搞错了，要么就是故意说谎，他的依据是《圣经》。他写道："即使没有'赎罪券'，每个为自己的罪真诚忏悔的基督徒，仅是通过上帝的恩典，他的罪也完全可以获得

---

　　① 《九十五条论纲》（原名《关于赎罪券效能的辩论》），1517 年 10 月 31 日，马丁·路德为抗议罗马教廷销售"赎罪券"，将辩论提纲张贴在德国维登堡城堡大教堂的大门上。——译注

赦免。"

终于有人站出来公开指出天主教会的弊端，并且使用一种每个人都能听懂的清晰的语言，许多人为此大受鼓舞。路德很快就赢得了众多支持者，这些人和路德一样，都想改革教会。

教皇要求路德"收回他的错误言论"，否则就将他逐出教会，开除他的教籍。路德并未屈服，对他来说，《圣经》里的话比教皇的话更值得尊重，他甚至称教皇是个"反基督者"。教皇向路德发出绝罚通谕，路德在支持者的欢呼声中当众焚烧了教皇的通谕。教皇的使者有如下记述："整个德国群情激愤。"

1521年，为了平息骚乱，皇帝查理五世邀请这位"叛逆的修士"参加沃尔姆斯帝国会议。他要求路德在世俗诸侯和大主教面前收回自己的错误言论。但是路德毫不妥协，仍然坚持自己的立场。如果不是当时的萨克森选帝侯保护了他，并将他隐藏起来，也许他就会被判为异端而施以火刑了。

其他德国诸侯也站在了路德一边，并且脱离了天主教会。不久，这两个阵营之间就不可调和地对立起来，1546年，双方甚至爆发了一场战争。1555年，双方签署了《奥格斯堡宗教和约》，最终，路德的教义以及新教（即"抗罗宗"），得到教会的承认，并且享有与罗马教会同等的权力。神圣罗马帝国的每个诸侯从此可以自己决定，在他的领土上信奉哪种宗教。

宗教改革运动并不仅限于德国。在瑞士，受过人文主义教育的牧师乌尔里希·茨温利（1484—1531）和在日内瓦生活的法国人约翰·加尔文（1509—1564）成为推动改革的主力军。特别是加尔文，他独立发展出一套与路德明显不同的教义。他的出发点是"先定论"，人的命运是预先注定的："因为每个人不是以相同的条件被上帝创造的，有些人已经预先注定将获得永生，而另一些人则注定会被永远罚入地狱。"按照加尔文的教义，一个人是否被上帝选定，他在世时就已明确可见了：谁若通过勤奋和节俭成功地积累起财富，那么他就会获得永生；谁若做不到，那么他就会被罚入地狱。这一观念成为加尔文教的核心思想。他教导其信徒要有获利的欲望，而他的这一思想成为现代资本主义产生的一个重要驱动力。

加尔文的教义逐渐传播到了南德意志、尼德兰、法国（在当地的信徒被称作"胡格诺派"）、苏格兰和英格兰。苏格兰和英格兰的加尔文教信徒自称"清教徒"。这些清教徒中的许多人后来移民去了美国，他们对美国的发展影响深远，并且这种影响一直延续至今。

上图　约翰·加尔文肖像。

14. 伊比利亚半岛上的两个新王国

继 10 世纪和 11 世纪在中欧和东欧产生了新王国后，14 世纪至 16 世纪在伊比利亚半岛上又产生了两个新王国。711 年，阿拉伯人越过直布罗陀海峡，到达伊比利亚半岛，征服了这片土地，比利牛斯山脉成为其北部边界。772 年，阿拉伯人试图跨越这一边界继续向北推进，但是被查理曼大帝的先辈查理·马特[①]打败。于是，他们在伊比利亚半岛

---

①　查理·马特（688—741）又被称作"铁锤"查理，法兰克王国宫相，是法兰克王国的实际统治者。——译注

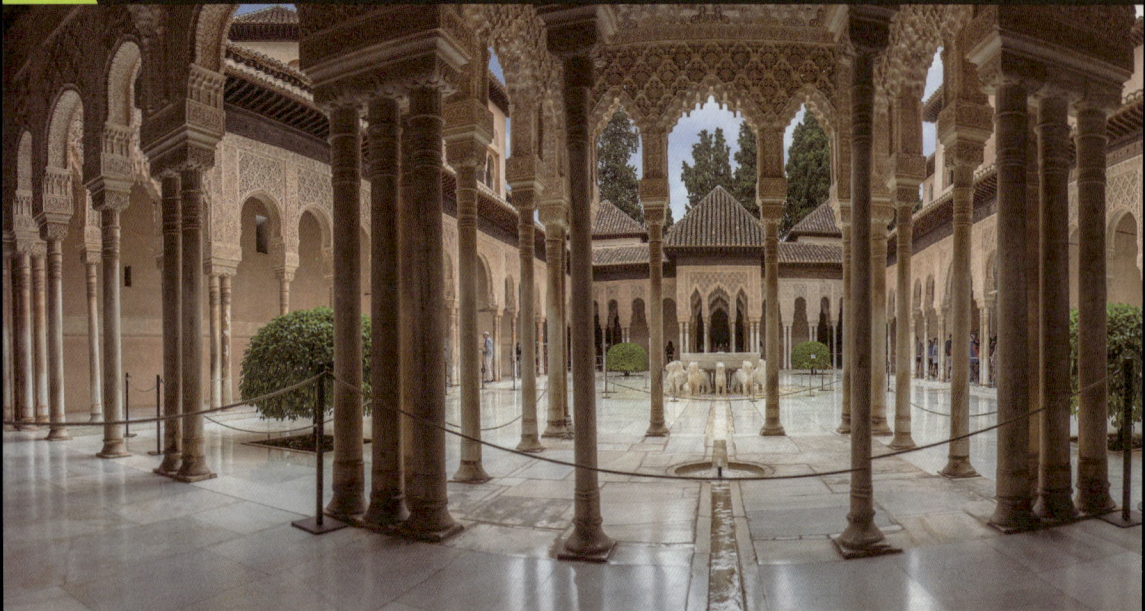

上，在"安达卢斯"①，穆斯林、基督徒和犹太人比邻而居，这在当时的欧洲是史无前例的。这种情况直接使欧洲的商业、科学和文化达到了全盛时期。伊比利亚半岛上的科尔多瓦被认为是世界上最美丽的城市之一。

不过，这种和平共处状况受到西班牙收复失地运动的干扰，并没有持续多久。许多基督徒，尤其是教皇，成了阿拉伯统治者的眼中钉。1064年，教皇亚历山大二世向参与反击穆斯林——西班牙称之为摩尔

人——的所有战士许诺祝福和赦罪，这一举动使基督徒的行动带有了骑士军圣战的特征。经过一次又一次战斗，穆斯林被赶到伊比利亚半岛南端，最后只剩下一个残余的小王国格拉纳达。近年来，这个过程不再被叫作"收复失地运动"，而被称为"征服运动"。穆斯林在伊比利亚半岛定居时并没有排挤基督徒，他们只是

---

① 安达卢斯是指阿拉伯人和北非穆斯林统治下的伊比利亚半岛和塞蒂马尼亚。——译注

开垦了一块土地，而且此举也是为了基督徒的利益。从这个层面说，这次行动不是收复失地，因为收复意味着重新夺回被别人抢走的东西。

在基督教诸侯争夺霸权的长期斗争中，伊比利亚半岛上形成了两大王国——卡斯蒂利亚和阿拉贡。1469 年，卡斯蒂利亚的女王伊莎贝拉和阿拉贡的国王斐迪南结婚了。这场联姻奠定了西班牙民族国家的基础。10 年后，两个王国合而为一。这对王室夫妇的重要目标是将国内的宗教统一。因此，穆斯林和犹太人就面临两种选择，要么成为基督徒，要么离开西班牙。之后，有数十万人选择了离开这个国家。若既没有离开，又不想成为基督徒，那么这个人就不得不时刻担心自己的生命安全。很多穆斯林和犹太人在酷刑室里接受刑讯，这些刑讯夺走了无数受害者的生命。1492 年，仍然被穆斯林占领的格拉纳达也被征服了，西班牙最终成为一个彻底基督教化的国家。

下图　西班牙宗教裁判所审判异教徒。

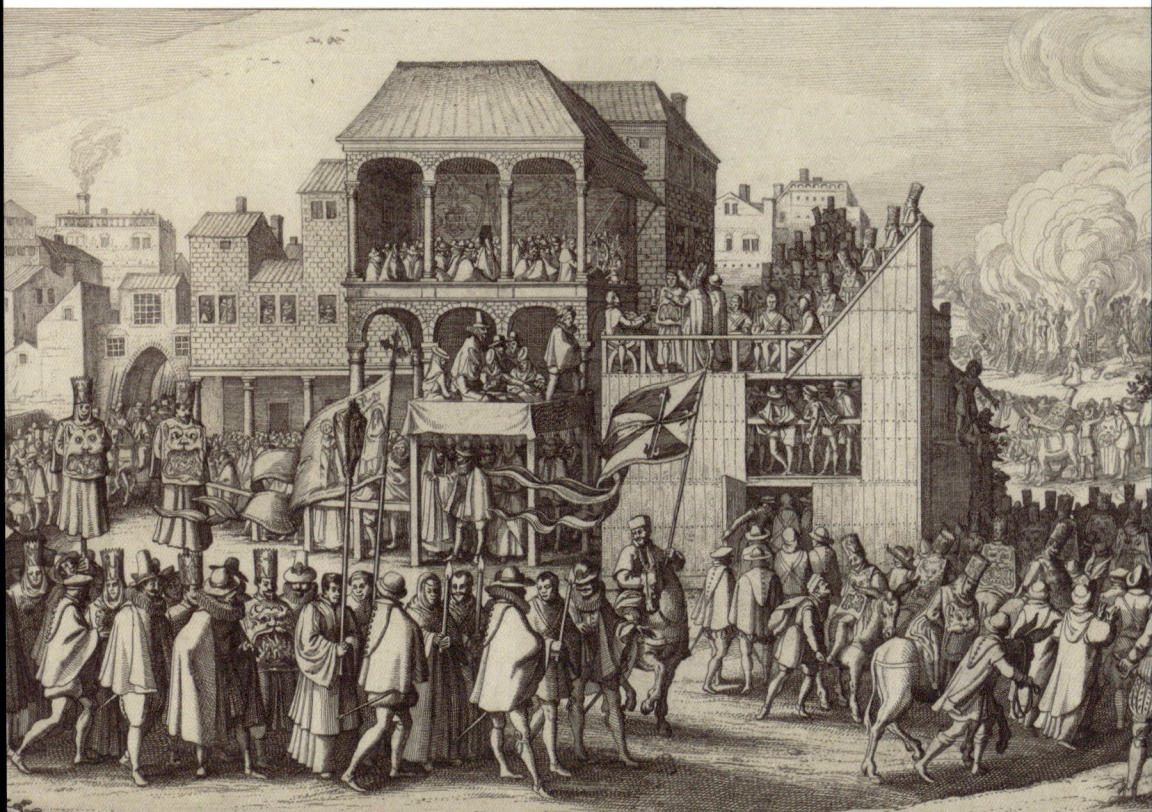

此外，野心勃勃的伊莎贝拉女王还支持了克里斯托弗·哥伦布的航海探险计划。哥伦布本来试图通过海路前往印度，结果发现了美洲，从而使西班牙在很短的时间内成为一个世界帝国。

在历史长河里没有任何迹象显示，伊比利亚半岛上会形成两个国家，因为整个半岛的发展非常和谐。波尔图卡莱[①]伯爵领地是卡斯蒂利亚国王的一块封地。但是，自11世纪开始，这块封地的主人就试图脱离较大的邻居，以获得独立。1135年，阿方索·恩里克斯伯爵拒绝宣誓效忠于国王。1139年，在大败阿拉伯军队之后，他觉得时机已到，宣布独立，并自称葡萄牙国王阿方索一世。为了防止卡斯蒂利亚入侵，他将王国置于教皇的统治之下，教皇承认了葡萄牙的独立。自那以后，葡萄牙的领土状况基本没有发生什么变化。

15. "第三罗马"

在欧洲东端，13世纪初来自亚洲的蒙古人征服了基辅罗斯公国，蒙古人的统治对当地的政治结构和教会基本上没有产生太大的影响。对统治者来说，最重要的就是尽可能地压榨占领国。因此，诸侯们不得不向他们提供士兵和奴隶，并定期纳贡，任何反抗都会遭到残酷镇压。被称作"黄金家族"的蒙古人的统治持续了两百多年。

---

① 波尔图卡莱，源于拉丁语，意为"温暖的港湾"，波尔图（Porto）的旧称。葡萄牙（Portugal）即得名于波尔图。——译注

这个国家摆托蒙古人的统治是从最初微不足道的莫斯科公国开始的。遵循"收集俄罗斯土地"的座右铭，通过巧妙的政治策略，莫斯科公国得以不断扩展其领地，并发展为一个大公国。1380年，它已经变得足够强大，并在顿河战役中首次打败了蒙古人。自此以后，莫斯科大公就自视为反抗外族统治的先驱，并且这一角色得到其他俄罗斯大公的承认。后来，伊万大帝（1440—1505）成功结束了蒙古人的统治，并建立了统一的俄罗斯国家。自从1453年君士坦丁堡被穆斯林土耳其人占领之后，莫斯科大公就把自己视作基督教的捍卫者和拜占庭皇帝的继承人。因为，俄罗斯神职人员认为，自己是唯一"正统的"基督徒，他们宣称，莫斯科是"第三罗马"，是真正的基督教中心，他们把自己与西方隔绝开来。

1547年，伊万四世，又称"伊凡雷帝"，加冕为皇帝，成为第一位俄国沙皇。一位教会领袖给伊万四世写信："你要知道，虔诚的沙皇，正统基督教信仰的所有国家都已过渡

上图 伊凡四世（1530—1584）被俄罗斯国内和国外的反对者戏称为"可怕的"，因为他以可怕的手段执行他的政策。

到你唯一的帝国里了。你自己就是世界上所有基督徒的沙皇。两个罗马均已衰亡，但是第三罗马仍然屹立不倒，第四罗马也不会再有。"有上帝和教会的帮助，沙皇将去征服那些异教徒的国家，让他们皈依正统。俄国教会承认沙皇至高无上的地位，"沙皇的天性与众人类似，而沙皇的威力则堪比至高的上帝"。

16. 两个争取自由的民族

　　欧洲的历史曲折而纷乱，因此很难用编年史的方式叙述它。下面我们就简要考察一下两段曲折的历史。

　　位于"德意志民族神圣罗马帝国"中心地带的乌里州、施维茨州和下瓦尔登州以及另外几个城市经过斗争赢得了自由。自 1273 年以来一直占据皇帝宝座的哈布斯堡家族意图再次让那些位于"四森林州湖"①的自由人重归帝国的怀抱。为此，乌里州、施维茨州和下瓦尔登州的人们奋起反抗，并于 1291 年结成了"永久同盟"。相传，三个原始州的代表在吕特利宣誓，要团结一致为自由而战，挣脱哈布斯堡家族的统治。鉴于当时双方力量悬殊，"同盟"要取得成功几乎不可能。1315 年，在莫尔加藤战役中他们打败了哈布斯堡王朝的大军，这次胜利使得其他州也纷纷加入了"同盟"。在之后的 150 年里，同盟军竭尽全力反抗哈布斯堡的进攻。弗里德里希·席勒用他的《威廉·退尔》一书为他们的不懈斗争立下了一座文学纪念碑。1499 年，他们虽然实现了事实上的独立，但直到 1648 年《威斯特伐利亚和约》签订，瑞士才作为一个独立国家得到国际法的承认。

　　另一个反抗哈布斯堡家族争取自由的民族是荷兰人。皇帝查理五世——他也是西班牙国王——于 1556 年退位，他的儿子腓力二世在西班牙继承皇位，他也进而成为荷兰的摄政王，因为荷兰当时隶属西班牙。

---

　　①　四森林州湖（德语：Vierwaldstättersee，又译琉森湖），位于瑞士中部，是瑞士第四大湖。四森林州湖跨过四个古时的瑞士州，乌里州（Uri），施维茨州（Schwyz，瑞士德语名字 Schweiz 即源于此），瓦尔登州（Unterwalden）和琉森州（Lucerne），这也是琉森湖德语名字 Vierwaldstättersee 的由来，意思是"四森林州湖"。——译注

上图　这幅 1606 年的木版画展示了瑞士最初三个地区的联盟者在鲁特利山谷牧场宣誓反对奥地利暴政。

这是一个很好的例子，说明欧洲统治家族之间通过联姻而将本不是一体的国家和人民强制合并到了一起。

据说腓力二世比教皇更虔诚地信奉天主教。因此，他利用一切手段试图镇压当时已在尼德兰迅速传播开来的加尔文教。可是，这些措施反而推动了荷兰人争取独立的愿望，最终导致 1566 年荷兰起义爆发。于是，腓力二世派军队血腥镇压了起义，独立运动的领袖埃格蒙特伯爵和霍恩伯爵被处决。

随后荷兰人就开始了持续 80 年

的争取自由的斗争，最初的领导者是威廉·冯·奥兰治。1581 年，他们脱离西班牙王室的统治，加入了"尼德兰联合省共和国"。[①] 他们的反抗行动有如下理据：

不是人民为王侯而生，而是王侯为人民而生，因为没有人民，王侯将不复存焉。王侯的责任就在于，他必须依法公正地统治臣民。假如他不能这样做，而是把人民当作奴隶，那么他就不再是王侯，而是暴君。如今，我们宣布，西班牙国王已经丧失了统治尼德兰的一切权力。我们解除一切官员、上级、主人、封臣和居民以前曾经发誓效忠于西班牙国王的诺言。

这里，尼德兰人第一次表达了反抗的正当性，而这些内容也成为后来许多宪法中的内容。

和瑞士一样，荷兰也是在 1648 年的《威斯特伐利亚和约》签订后才作为一个独立国家得到国际法的承认。

上图 埃格蒙特伯爵的肖像，他于 1568 年 6 月 5 日被处决。约翰·沃尔夫冈·冯·歌德写的悲剧《埃格蒙特》就是关于他以及荷兰人民为争取自由而斗争的故事。

① 尼德兰联合省共和国，尼德兰摆脱西班牙统治的北方各省和南方部分城市于 1579 年 1 月组成尼德兰联合省，1581 年 7 月 26 日，宣布组成"尼德兰联合省共和国"，简称"荷兰共和国"。——译注

17. 世界新图景

整个中世纪的欧洲人的观念里都有一种固定的世界图景。他们把天地间的一切事物都看作上帝所赐，一切都是永恒的和不可动摇的。而这时出现了一些学者和艺术家，他们不再接受传统的世界图景。他们预感到还有一个更好、更公正的世界。有趣的是，他们在构想这个世界时，并不是展望未来，而是首先回顾过去，回顾古希腊罗马时代的世界。在他们眼里，那是一个比他们自己所处的时代更加明朗的世界。这个正在开始的时代被称作"文艺复兴"时期，它的意思是"再生"。

中世纪基督教关于人的图景已不再适用，因为它认为人生的主要意义是为进入彼岸世界做准备。人们开始把目光转向此岸——现世，人自身成为科学和艺术关注的焦点。从古典思想出发，人不再只是世界的一部分，人自身就是其目的。人的命运应该掌握在自己手里，并充分发挥自己的能力。广博的教育是实现这一目标的前提条件，古希腊罗马就是他们学习的榜样。这种新思想首先在佛罗伦萨和威尼斯产生了，这里是当时欧洲文化最发达的地方。由于人处于中心位置，所以人们也把这种新思想叫作"人文主义"。

人文主义者认识世界的方式发生了改变，他们不再以《圣经》为依据，而是通过仔细观察研究人与自然获取新知识。意大利人列奥纳多·达·芬奇就是文艺复兴时期的典型代表。他不仅创作了著名的《蒙娜丽莎》《最后的晚餐》等艺术作品，而且还是雕刻家、科学家、建筑师、工程师和发明家。他设计过飞行器，还解剖过尸体，因为他想搞清楚人体的构造和功能，并把自己的所见记录下来，绘制了解剖图。全能天才列奥纳多·达·芬奇对于自己作为

达·芬奇肖像

达·芬奇在科学领域的贡献

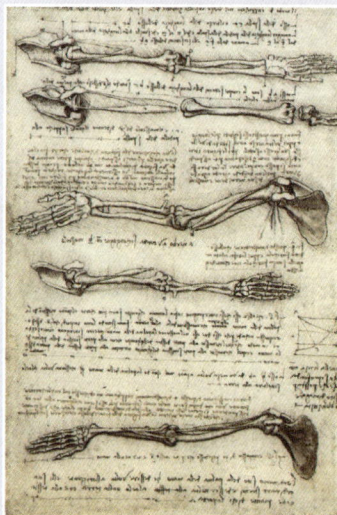

研究手臂的运动

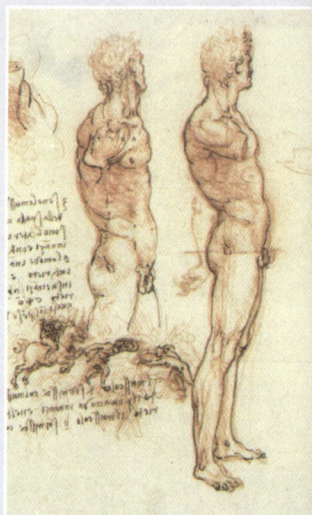

研究人体解剖

研究水的流动

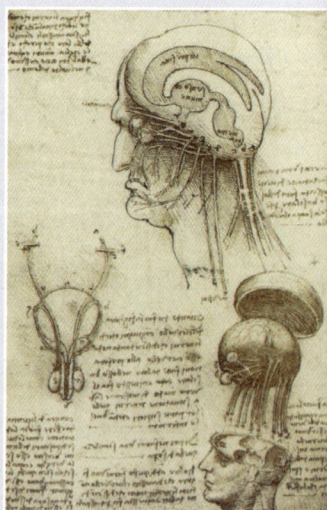

研究人类大脑和头骨

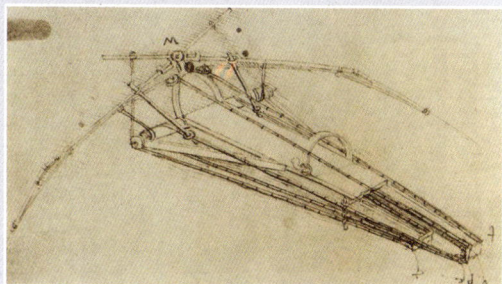

研究飞行器 1

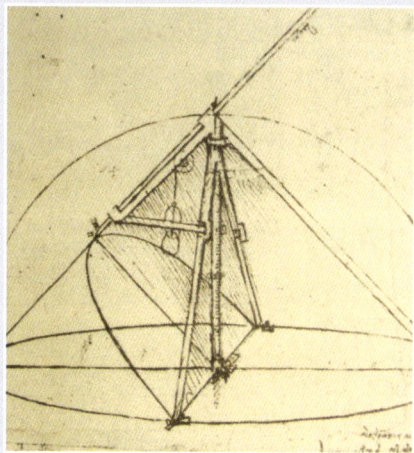

研究飞行器 2

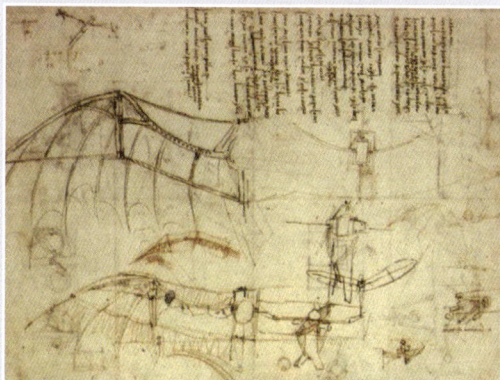

研究螺旋桨

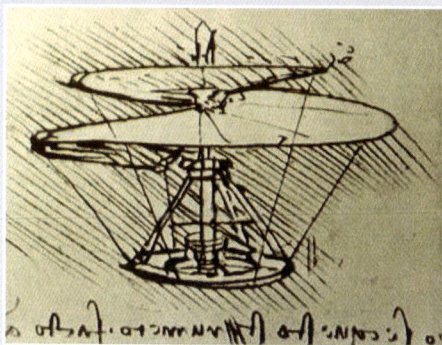

研究抛物线罗盘

研究莎草

一个科学家和发明家的责任也有清醒的认识，这也是我们对每位科学家的期待。达·芬奇写道："我知道，人如何能够在水下不进食而长时间停留。但是我不想公布，也不会和任何人解释这个秘密。因为人性是恶的，有人会利用这项技术在水下杀人。他们可能会在水下凿穿船底，让船和船上的所有人沉到水底。"

假如我们想列举人类历史上诞生过最具伟大才智的人物的时代，那么文艺复兴时期是其他任何时代无可比拟的。列奥纳多·达·芬奇的同乡、画家和雕刻家米开朗基罗，鹿特丹的人文主义者、哲学家伊拉斯谟，发现地球和其他行星一样围绕太阳旋转的天文学家尼古拉·哥白尼，都是生活在这个时代的人。这些人的新思想和新发现得以快速传播，要归功于文艺复兴时期的一项重要发明——铅活字印刷术。约1450年，美因茨人约翰内斯·古腾堡首次成功利用金属活字印刷出书籍。这要比手抄和雕版印刷快捷许多，印刷成本也大大降低了。这样一来，一本书能以同样的质量大量印刷，使知识得以广泛传播。后来，

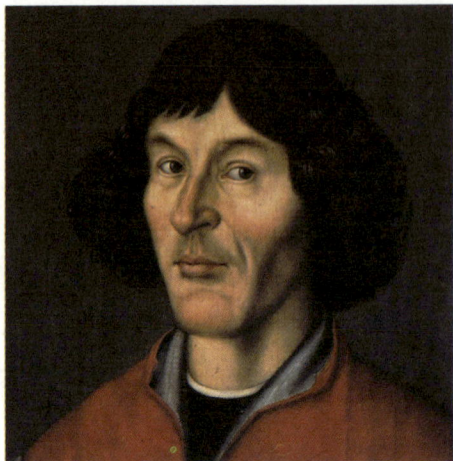

上图 哥白尼肖像

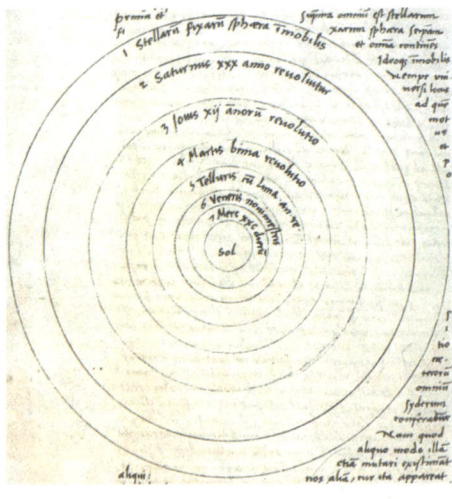

上图 天体运动理论

法国作家维克多·雨果甚至称古腾堡的发明是"人类历史上最伟大的事件"。

18. 信仰之战

天主教会很快就认识到，他们若想彻底禁止新教几乎是不可能的。但是，他们还是竭尽所能阻止新教的传播。1545 年，天主教会在特兰托召开宗教会议。为了革新天主教教义和教会自身，这个会议居然持续了 18 年之久。信仰原则被重新清晰地加以表述，并与"异端邪说"划清界限。进一步明确了教皇、主教和牧师的权利与义务。他们都必须重新成为上帝的仆人，而不应该成为贪欲权力和追求享受的王侯。他们应该更多地关心信徒，特别是关心穷人。天主教会试图借此重新赢得人们的信任，让教会更具吸引力。西班牙人依纳爵·罗耀拉于 1534 年建立的"耶稣会"也对此做出了贡献。"耶稣会修士"并非离群索居，而是生活在人群中，他们是中学或者大学的教师，是诸侯宫廷里的顾问和告解神父，是传教士，借此扩大教会的影响。天主教会自身改革这一时期也被称作"反宗教改革时期"。确实，没过多久就有许多人重新回到了天主教会的怀抱。

但是，天主教和新教之间仍旧无法维持长久的和平。在所有天主教和新教并存的欧洲国家里，还总是不断发生冲突。1572 年 8 月 24 日，在法国发生的"圣巴托罗缪之夜大屠杀"成为双方冲突的一个悲惨的高潮。天主教狂热分子在这个夜晚屠杀了大约 2 万个胡格诺派信徒[①]。但是，即便如此，法国的新教也没有被长期镇压下去。1589 年，亨利·德·纳瓦尔首次以胡格诺派信徒的身份成为法国的国王。虽然他后来不得不皈

上图（对开） 圣巴托罗缪之夜大屠杀。

依天主教，但是他于 1598 年颁布的《南特敕令》还是给了胡格诺派信徒在法国平等的权利。

　　西班牙国王腓力二世却有不同的想法，他想铲除欧洲的新教，并号召对新教徒展开讨伐。他组建了当时最强大的舰队，并派这支"无敌舰队"出征英格兰。那时在位的伊丽莎白一世是新教徒，而信奉天主教的苏格兰女王玛丽·斯图亚特正在与她争夺王位。伊丽莎白一世下令囚禁了这位竞争对手，并将其处死，这成为腓力二世讨伐英格兰的理由。另一个理由是，伊丽莎白一世还支持过尼德兰人反抗腓力二世，并迫害本国的天主教徒。腓力二世试图征服英格兰并废黜伊丽莎白一世。但是，由于西班牙战舰过于庞大并负载过重，在两军交

战中反应笨拙，而英格兰的小船行动更为敏捷，因此英格兰在交战中占据上风。此外，海上的风暴天气也助了英格兰一臂之力。于是，1588年，西班牙的无敌舰队遭到了毁灭性打击。这样，腓力二世在争夺欧洲天主教霸权的斗争中失败了，而英格兰则开始崛起，成为世界海上霸权和殖民强国。

　　在德国，天主教徒与新教徒之间的矛盾也于17世纪初进一步加剧，并最终于1618年发展为一场持续30年的战争。开始时，战争爆发的原因还是宗教信仰问题，但是皇帝的天主教队伍在统帅华伦斯坦的带领下占领了信奉新教的北德意志后，企图吞并教会的财产归皇帝所有，信奉天主教的诸侯也开始反对他们的皇帝了，他们不想让皇帝的势力过于强大。对这些天主教诸侯来说，权力问题要比信仰问题更加重要。

当德国的邻国瑞典加入这场战争时，权力的争夺也成了重中之重。尽管瑞典国王古斯塔夫·阿道尔夫率军参战是为了新教，但是他的主要目的则是从天主教手中夺回北德意志的控制权，从而巩固瑞典在波罗的海的领导地位。他的行动得到了信奉天主教的法国的支持。此时的战争早已不再是宗教之间的战争。法国更希望看到一个因分裂和长期战争而被削弱的德国，最终，德国丧失了欧洲的领导地位，法国的愿望实现了。

1648 年 10 月，欧洲诸国签署了《威斯特伐利亚和约》，和约再次确认了 1555 年《奥格斯堡宗教和约》中的内容并补充了一项重要条款：臣民不再有义务接受统治者的信仰。和约使德意志诸侯的势力得以增强，而皇帝的势力则被削弱。德国必须割让土地给法国和瑞典，瑞士和尼德兰成为独立国家。战争之初，帝国大约有 1700 万人，而到战争结束时就只剩下大约 1000 万人了。战后的人们面对的是一片荒芜的土地，德国需要数十年的时间才能从战争带来的创伤中恢复过来。

下图　西班牙舰队驶离英国海岸。

上图　士兵在 30 年战争中掠夺农村。

19.

"*L'état c'est moi！*"
—— "朕即国家！"

　　"太阳王"路易十四是否真说过这句话，确实无据可查。不过，即使这句话并非出自路易十四之口，那它至少也造得妙。世界历史上还没有哪个统治者在自己国家拥有如此无限的权力，也没有哪位统治者能够执政这么久。他于1643 年继承法国王位，当时还不满 5 岁，在位时间长达 72 年。当然，孩提时

期，他还不能亲理朝政，替他主政
的是宰相、枢机主教马扎然。马扎然
于 1661 年死后，路易十四便召见枢
密院大臣，并宣称："朕召集各位前
来，是想告诉诸位，即日起，朕将
亲理朝政。若朕需要，诸位爱卿可
觐见朕。"当一位神职人员问，枢机
主教马扎然去世后他应该向谁请示，
路易十四答道："朕，大主教先生！"

路易想独揽大权，所以他笼络
了一批对自己忠心耿耿的心腹。那些
自认为能够得到更高权位的大贵族，
却被路易巧妙地解除了权力：名义
上他们是国王的顾问，而实际上国
王只是为了更方便地控制他们，路
易几乎从未让他们建言献策。那些法
国贵族在宫廷里过着奢华的生活，却
没有政治影响和权力。即使在外省，
路易也不再把权力交给贵族，而是在
每个行政区内安插忠诚于自己并且是
来自市民阶层的官员。

所有国内税收和关税均流入国
库，如何使用这些钱，都由国王说
了算。而且他还有权颁布法律，即使

右图　1668 年的凡尔赛宫，由皮埃尔·帕特尔绘制。

有关战争与和平的问题也都由国王一人决定。他掌握着国家的绝对权力，实施的是一种"专制主义"统治。路易十四把自己比作太阳，因此他也被称作"太阳王"。

"太阳王"下令在凡尔赛修建了一座宏伟的宫殿，按照我们今天的货币计算的话，耗费了250亿至300亿欧元，这笔费用在当时可是一个天文数字。在这个王宫里有4000人侍奉国王，从清晨穿衣至夜晚就寝，他所做的一切就仿佛在上演一部戏剧，他是主角，而众人皆为龙套。和建造这座昂贵的宫殿一样，要维持王宫里的奢华生活也需要巨大的开销。除此之外，还有一支庞大的军队，一支"常备军"，和平时期他们住在军营里也需要一大笔开支。

筹集所有这些资金是财政大臣库尔贝的任务。他认为，国际贸易就好比一场战争。根据他的理论，若要赢得战争，就必须尽可能多出口，少进口。在他看来，早期的工业企业和手工工场，最适合这种经济理念。通过低息贷款和免税就可以促进这些企业的发展。

在手工工场里，各种生产工序相互配合，上百个专业和辅助工人，批量生产出优质的服装、地毯、家具、马车以及其他产品，这种情况类似于现代的流水线作业。为了尽快销售这些产品，他扩建或新建了公路、运河和港口，下调了出口关税，以便于商品在国外低价销售；进口的外国商品的关税则上调。上调后的商品价格对大部分法国人来说太高了。这种经济政策被称作"重商主义"。它的首要目的是保障国库充盈，而并不顾及国民的真正需求。

1698年，国王的一位顾问报告说：

近来有十分之一的臣民已经食不果腹，仅靠乞讨为生，另外的十分之九中有五成的人已经无力施舍救济那些乞讨的人，因为他们自己的命运与那些乞丐也仅有毫厘之差。其余的五成人中有三成已经生活落魄，并且官司缠身。我的印象是，我们法国下层民众的疾苦没有得到足够关注。他们是王国里生活状况最悲惨的阶层，并且他们也是数量最多的，为国家做出了真正贡献的人，所以他们是我们国家最重要的阶层，他们通过劳动、经商和纳税养着陛下和整个王国。

即使这样的声音传到了国王的耳朵里，平民的处境也不会有所改变。

1715年9月1日，路易十四去世，他身后的法国虽然外表辉煌，但是内部矛盾重重。国家财政已经不堪重负，法国在欧洲的霸主地位摇摇欲坠，法国人民的生活也早已陷入穷困悲惨之境。尽管如此，路易十四仍然成为那个"专制主义"时代的欧洲王侯们纷纷效仿的伟大榜样。他们效仿他的生活方式和治国方略，他们都想成为一个"小太阳王"。和法国一样，这些国家的普通民众深受其苦，特别是那些农民，被无情地榨干了最后一滴血。他们不仅要交纳赋税，还要被迫服徭役，修建宫殿、修道院、教堂和市政厅。生活在当代的我们，去参观那个时代遗留下来的宏伟建筑时，不应该遗忘他们做出的贡献。

20. 自由之岛

这个时期的英国未受到"专制主义"时代的影响。自1215年之后，英国的专制君主就已不复存在。也正是这一年，《自由大宪章》发表，其中明确规定：只有在诸侯、主教和男爵同意的前提下，国王才有权增加赋税。一个由上层贵族组成的议会负责监督实施。这个议会逐渐发展成委员会，国王做所有重大决定时都要听取他们的意见。自14世纪以来，有威望的市民和骑士也被召集参会，后来一分为二的英国议会上下两院便由此而来。上层贵族和主教组成"上议院"，骑士和市民组成"下议院"。

从《大宪章》发表到 17 世纪初，所有英国国王和女王均与议会合作，他们之间并未发生值得一提的冲突，但是到了 1625 年，查理一世当政时情况发生了改变。他认为，他是上帝选出来统治这个国家的君王，而且他以自认为正确的方式实施统治。他援引著名学者的著作作为理论依据：在一国之内，什么可以做，什么不可以做，只能由一人做决定，这位统治者只对上帝负责。但是，议会和英国人民并不同意他的主张。两方的冲突郁积多年，直到 1642 年终于爆发了内战。议会军由奥利弗·克伦威尔（1599—1658）率领，他是个激进的清教徒，并自称"上帝的卫士"。在两次决定性的战役中，克伦威尔的军队获胜。随后，他把所有不愿追随他并主张与国王谈判的人从议会里赶了出去。残余议会成员把国王送上了法庭，国王被判死刑。1649 年 1 月 30 日，查理一世在他伦敦的王宫前被斩首。臣民起义要了国王的命，这在世界历史上还是头一回。

英国宣布成立共和国，克伦威尔成为政府首脑。成为统治者后的克伦威尔很少顾及议会的权利，并于 1653 年自立为终身"护国主"，像军事独裁者一样利用自己的军队统治国家。他的统治方式与被处决的国王查理一世几乎没有什么区别。他死后，他的儿子继位，但这个儿子太无能，一年后便被废黜。大多数英国人早已厌倦了克伦威尔式的共和国，他们还是希望再有一个国王，不过有一个强大的议会用以牵制国王也是必要的。

1660 年 5 月，在承诺尊重议会的权利的基础上，查理二世成为新国王。但是没过多久，人们就发现，他同样追求专制统治。而且查理二世和天主教教会走得很近，在任命官职上偏袒天主教势力。议会制定了一项法令用以抵制国王的意图，即禁止天主教徒担任任何公职。议员们还想有更进一步的动作，他们试图完全消除天主教徒成为英国国王的可能性。可是，查理二世死后，他的天主教徒弟弟詹姆斯二世继承了王位。当新国王企图加强天主教势力从而削弱议会时，双方的冲突变得尖锐起来。

詹姆斯二世的女儿玛丽与尼德

右图　奥利弗·克伦威尔肖像。

OLIVER CROMWELL.

上图 《权利法案》寓言版画。

兰新教徒威廉·冯·奥兰治结婚后，对议会有利的时机来了。议会希望这两人能够与他们携手对抗天主教势力，议会则以英国王位作为回报，二人同意了。1688年，他们带领一支大军登陆英格兰，英国国王被迫逃亡法国。国王的军队缴械投降，威廉和玛丽的军队没有流一滴血就踏进了伦敦城。不过，举行加冕仪式前，他们必须签署一份协议，即《权利法案》，其中规定了议会和市民享有的基本权利：

法律的颁布和废除必须经过议会同意；税收、关税和开支也必须经过议会许可；议会选举必须自由举行不得受到任何干涉；议员可以自由发言并享有豁免权，也就是说，未经议会的明确许可，议员不能受到刑事追责；未经议会许可，国王在和平时期不得拥有常备军；由独立的法院保障法律的公正实施；未经法律判决任何人不得被处决或被拘捕。

这些基本权利于 1689 年被明确写入法案，是具有革命性意义的，至此，英国完成了它的"光荣革命"。

当欧洲其他专制君主仍然以法国为榜样实施统治时，英国议会经过斗争取得了政治领导地位，这也意味着英国已经向现代国家宪法政体迈出了一大步。

"英国宪法已臻完美，因此，每个人都享有自然赋予的权利，而这些权利在几乎所有君主制国家里都被剥夺了。"这是法国哲学家伏尔泰对《权利法案》的高度评价。

21. 俄国进入现代之路

在数百年里，中欧的发展几乎没有对俄国产生影响。这个国家远在东方，此外它也自我隔断了与西方的联系。沙皇彼得一世（1682—1725 年在位）开始对这个落后国家推行改革，这种情况才发生了变化。彼得一世力图让俄国向西方开放，并向西方学习。为此，他于 1697 年至 1698 年做了一次非同寻常的旅行，这对一个统治者来说是极为罕见的：他隐姓埋名，携同 250 名随从周游西欧列国。他想亲自了解不同国家的制度以及它们的经济和社会体系。只有在各国宫廷里他才暴露自己的真实身份。确实，宫廷生活对彼得一世没有多大吸引力，他对技术和经济更感兴趣，他去听机械原理的讲座，为了理论联系实际，还去参观老师的工作间。据说，他甚至还化名彼得·米哈伊洛夫去了荷兰和英国的造船厂，在那里做了 10 个月木工学徒，目的是学习如何造出更好的船。他的整个非同寻常的人生给许多诗人和音乐家提供了创作灵感，比如阿尔伯特·洛尔

上图　彼得一世在圣彼得堡建立的第一座砖型建筑——彼得保罗要塞。
左图　彼得一世的肖像，戈弗雷·奈勒绘于 1698 年。

钦就写过一部歌剧《沙皇与木匠》。

沙皇带着新学习的知识和招募到的大约 1000 名各行各业的专家返回了俄国。不久之后，俄国男人就不得不剃掉他们的长胡子，脱下本地的传统服装，为的是更像真正的欧洲人。并且，沙皇还想建一座新的欧洲式样的首都，这座新首都还应该是濒临波罗的海的港口城市。尽管沙皇选

择的地区是一片沼泽地，经常发生洪水，完全不适合建首都，他还是集合了大量的农民、工人和手工艺人。由于当地生存条件恶劣，加上饥饿和瘟疫，施工人员不断减少。在开始修建建筑物之前，施工人员必须把沼泽地弄干，然后再往地里打木桩。据不完全统计，整个建筑工程夺去了大约 12 万条生命。对沙皇来说，新首都圣彼得堡是俄国"通往西方的门户"。

为了提高俄国在世界上的地位，沙皇以西方的模式建起一支常备军。

为此，每年有 3 万至 4 万年轻人被迫服役，他们必须接受严格的军事训练。俄国也扩建了舰队，并将其打造成波罗的海海域最强大的一支舰队。和军队一样，沙皇彼得还对国家的行政机构实施了改革。帝国被划分为 8 个行政区，各行政区首长对帝国政府负责，帝国政府对沙皇负责。为了使所有统治阶层都能行之有效地运作，职务贵族取代了世袭贵族。在这个新的官阶等级秩序中，起决定作用的不再是出身，而是某个人在自己所处等级上所取得的成就。

工人和农民并不能从这些改革中获益，他们的负担反而更重了。"上层阶级不再遵守俄国习俗，同时他们也脱离了俄国人民；他们开始按照外国方式生活、着装和说话……这样一来，沙皇与俄国人民之间就产生了裂痕，古老的纽带也就松弛了。俄国君主成为独裁者，自由的人民无异于失去自由的奴隶。"一位俄国历史学家如此评价当时的状况。

不过，对于这样的评价，彼得大帝毫不在意。为了让俄国实现改革

下图　彼得一世在彼得宫城审问皇子阿列克谢，尼古拉·格绘于 1871 年。

的目标，他意志坚定并冷酷无情。当皇太子阿列克谢参与一个复古俄国运动，试图借以阻止父亲的西方化路线时，沙皇让人杀死了自己的儿子。

彼得大帝于 1725 年去世。他统治的时间越久，受到臣民的憎恨就越多。虽然有很多人对他不满，但他却实现了自己的政治抱负，自此以后，俄国成为欧洲政治舞台上一个举足轻重的角色。

22. 普鲁士的崛起

17 世纪，在"德意志民族神圣罗马帝国"里，一个古老的诸侯家族开始崭露头角，不过那时还没有人会预见到这个家族的辉煌未来。这里所说的就是霍亨索伦家族，其领地位于勃兰登堡－普鲁士，这个地区当时还处于四分五裂的状态，经济也不景气。不过，在大选帝侯弗里德里希·威廉主政 48 年间，情况发生了改变。他以法国为榜样，对行政、经济和军事采取现代化的改革措施，从而为勃兰登堡－普鲁士的崛起创造了条件。但是，他的儿子腓特烈不想只做选帝侯，而是想做国王。经过多年努力和收买，他终于获得众多诸侯的支持以及皇帝的首肯。1701 年，腓特烈在柯尼斯堡自封为"普鲁士的国王"。

他的这一举动在维也纳的哈布斯堡王朝的皇宫里引起一片嘲笑声，因为他们没有把这位普鲁士国王当回事。哈布斯堡皇室的反应在腓特烈一世的意料之中，因为在那些人眼里，他只是一个在政治上无足轻重的文艺青年。腓特烈一世的儿子弗里德里希·威廉一世则是与父亲完全不同的类型，他继位不久后，就获得了"武士国王"的称号。在这个虔诚的书呆子眼里，一支强大的军队

上图 "普鲁士的国王"腓特烈一世。

和勤俭节约的财政是保障国家长治久安的前提条件。于是他开始招募年轻男子入伍，而且常常是采取强迫手段，士兵的数量很快就翻了一倍，达到8万人。他的军队纪律严明，绝对服从是士兵的首要职责。不久，"普鲁士式训练"就变得臭名昭著了。

责任感、服从、纪律、秩序和勤奋，这些品质在"武士国王"眼里都是最高价值。他认为，这些品质也能在军队里实现，甚至希望把整个国家变成军营。"普鲁士品质"开始成为一个固定概念，虽然后来"普鲁士品质"变得声名狼藉，但若没有它，一个落后的小国在这么短时间内发展成欧洲强国是几乎不可能的事。弗里德里希·威廉一世临近生命终点时回顾了自己的一生，他看到，当时的普鲁士军队的实力已经位居欧洲第三，国无外债，还有1000万塔勒[①]的军费储备。

右图　"武士国王"的全部骄傲就是他所谓的"大个子"卫队，卫队成员身高至少有1.88米。他从欧洲各地招募身材高大的年轻人。

---

① 塔勒，也译为泰勒，它的起源和发展可以追溯到15世纪中叶，是一种曾在几乎整个欧洲使用了四百多年的银币名称及货币单位。——译注

"武士国王"始终希望，他的长子弗里德里希也能和他一样，但是他的这个愿望并未实现。这是因为当时欧洲发生的一场思想启蒙运动，而这场运动深深地影响了这位王子。

23. 理性时代

17 世纪后期和 18 世纪的欧洲被称作"理性时代"。这表明，人们的思想日益从迷信和盲目的信仰中解放了出来。文艺复兴和人文主义运动所开启的启蒙思想在此时又得到了进一步的加强和发展。新的思潮首先来自英国和法国。所有之前被认为正确的关于宗教、国家、社会和经济的观点均被质疑，并接受理性的严格检验。就如同科学实验，凡是经不起合乎理智的、"理性的"检验的东西均应被抛弃。"只有能够被人的理性所认识的东西才是真的。"法国哲学家勒内·笛卡尔于 1637 年在他的《方法论》一书中这样写道。

人不应该再受陈旧的权威观念

上图 德国哲学家康德（1724—1804）。

的约束，而应该独立地和理性地，即"启蒙地"行事。关于什么是启蒙，德国哲学家伊曼努尔·康德有一个概括性的著名定义：

启蒙就是人从他咎由自取的未成年状态中走出来。所谓未成年状态就是，没有他人引导，人就没有能力运用自己的理智。之所以说这种未成年状态是咎由自取，是因为，造成这种未成年状态的原因不在于缺乏理智，而在于没有他人引导，人就缺乏决心和勇气运用自己的理智。

Sapere aude（敢于思考）！你要有勇气，运用自己的理智！这就是启蒙的座右铭。

启蒙者主张，人生而平等，每个人都享有自己的权利和尊严，这是任何人都不能剥夺的，哪怕这个人是皇帝。英国哲学家约翰·洛克于1689年写道："如果我们观察一下，人处于何种自然状态，我们就会发现，这是一种完全自然的状态。"

大约70年之后，日内瓦人让·雅克·卢梭在他的《社会契约论》一书中写道："人生而自由，但他又无处不在枷锁之中。"而这个枷锁正是卢梭、洛克、康德、孟德斯鸠、伏尔泰和其他启蒙者想要砸碎的。生而自由的人也应该自由地团结起来，维护自己的天然权利。他们应该与统治者签订契约，契约中要明确规定

上图 《论永久和平》一书的手稿。康德在其中解释说，只有一种世界内部政治才能带来人与人以及各民族之间的持久和平。要达此目的今天还有很长的路要走。毕竟，走向欧洲的内部政治已经迈出了第一步。

被统治者和统治者各自的权利和义务。为了避免国家里有人权力过大，就必须分割权力：一个人制定法律，另一个人执行法律，还有一个人负责监督这一切是否在合法运转。

根据这一思想，统治者的权力不是来自上帝，而是来自人民。统治者的使命是尊重人民的尊严，保护人民的自由，促进人民的福祉和幸福。倘若统治者未能遵守与人民签订的契约，或者滥用人民对他的信任，那么人民就可以废黜他。这种新的革命性思想当然与欧洲占统治地位的专制主义相冲突，遭到了大多数王公贵族的抵制。只有奥地利的约瑟夫二世、俄国沙皇叶卡捷琳娜一世和普鲁士王储弗里德里希接受了启蒙思想的影响。

24. 普鲁士王位上的哲学家

弗里德里希二世[1]（1712—1786）经历了非同寻常的童年和少年时代。"武士国王"想把王子培养成和自己一样的人，他曾说："弗里茨[2]长大后要像我一样！"小弗里茨5岁那年，父亲就给他穿上军装，带他去骑马、打猎、参加阅兵和演习。这让小王子对军队和"普鲁士品质"都极为反感。与之不同的是，聪敏的弗里德里希热爱宫廷生活和艺术，喜欢阅读法国文学，勤于思考哲学问题，写诗并偷偷吹奏长笛。在他父亲眼里，这些爱好都是愚蠢的，并试图用棍棒打消他的这些念头。弗里德里

---

① 又译腓特烈二世。——译注
② 弗里德里希的昵称。——译注

希 18 岁时，想逃离父亲的暴政，于是他和一位朋友计划逃离这个国家，然而当他们逃到边境上时，又被抓了回来。国王下令把他们送上军事法庭并判处死刑。行刑前，王子被赦免，但他必须亲眼看着那位朋友被行刑。之后，他被关进牢狱，直到他父亲认为关押时间足够久了才被释放。

所有这些经历和遭遇深深地改变了青年弗里德里希。不久之后，他顺从了父亲的意愿，完成了行政、经济和军事学习。最后，他甚至遵从父愿和自己并不爱的公主结了婚。婚后他们住在勃兰登堡的莱茵堡宫里，在那里，他终于可以静静地潜心于自己喜欢的音乐、文学和哲学研究。他开始与伏尔泰通信，并写了一部书。在书中，他构想出一个富有责任心并热爱和平的统治者的形象，统治者的行为以启蒙思想为指导。弗里德里希认为，人民的福祉应该高于一切，一国之君应是"国家的第一公仆"。

1740 年，弗里德里希继承了王位，普鲁士现在有了一位哲学家做国王，许多人希望，他会以和平方

上图　24 岁的王储弗里德里希。

式统治这个国家。短期内看上去确实如此。登基后不久，弗里德里希就取消了刑讯，也取消了国王干预司法程序的权力。他规定，所有人，不管来自哪个阶层，在法庭上都能享有同等权利。然后宣告，人人享有信仰

上图 爱好音乐的统治者一直对艺术家特别有启发，在这一巨幅画作中，阿道夫·冯·门泽尔展示了腓特烈大帝的长笛音乐会。

和宗教自由。"在朕的国家里，每个人都能按照自己的生活方式过幸福生活。"这是他的名言之一。

对当时来说，弗里德里希确实是一位宽容的君主。在他治下，普鲁士除了传统的臣民精神，新思想也有了发展空间。在剧作家哥特霍尔德·埃夫拉伊姆·莱辛的作品里，特别是在《智者纳丹》中，作者塑造了富有理智、宽容和人道主义思想的人物形象。在普鲁士，没有人会反对他的这些观念，至少国王不会。

弗里德里希不仅是一位哲学家，还是普鲁士的一位最高级战士。作为一名战士，他出人意料地利用一切可以利用的机会，从哈布斯堡家族那里获取土地以扩大自己的版图。这个机会不请自来，哈布斯堡王朝的皇帝查理四世驾崩后，神圣罗马帝国发生了内乱。帝国内关于皇帝的女儿玛丽亚·特蕾莎是继承帝国皇位还是只能做奥地利女王这一问题，产生了纷争。弗里德里希趁机出兵奥地利所属的西里西亚，西里西亚战争爆发了。奥地利接连两次战败，玛丽亚·特蕾莎不得不与俄国和法国组成联军。在随后的"七年战争"（1756—1763）里，普鲁士本来取胜无望，不过，在对抗强大的联军时，弗里德里希表现出了杰出的统帅才能。在战争过程中，他的普鲁士军队纪律严明并且战斗力很强。尽管如此，这些优势也不足以让普鲁士取胜，在即将输掉战争时，弗里德里希奇迹般地获得了意外之喜：俄国沙皇伊丽莎白一世出人意料地驾崩了。与伊丽莎白一世不同，继承皇位的彼得三世对弗里德里希钦佩之至，于是他在战场上突然调转了枪口。一年之后，交战双方签订了《胡贝尔图斯堡和约》，战争宣告结束。从此，弗里德里希就被称作"腓特烈大帝"，普鲁士作为欧洲强国的地位也因他而得以巩固。

25. 欧洲与"新世界"

17—18世纪，成千上万的欧洲人移居美洲大陆，这些人希望在新世界过上更好的生活。有人是出于经济原因踏上这漫长的险途，有人是因为怀有不同的政见，还有许多人背井离乡是因为信仰不同受到迫害或歧视。但是，他们在政治上都与自己的祖国保持着联系。这些前往美洲生活的人里有英国人、法国人、西班牙人、德国人，还有荷兰人。在欧洲的统治者眼里，美洲新大陆就是欧洲的一部分，每个国家都想竭尽所能从中获利，尤其是英国和法国。这两个国家为了争夺在美洲的霸权而发生了战争，最终英国获胜。1763 年在巴黎签订的和平条约 ① 确定了美洲东海岸以及北美大部分领土归大英帝国管辖。

战争结束后不久，英国政府决定加强对殖民地的控制并限制其自由。由于战争耗资巨大，英政府要求殖民地为减轻国债做出贡献。为此，英国议会通过了新的关税法案，这引起殖民地的强烈抗议。殖民地人民不想再受人约束，他们断然拒绝了远在伦敦的英国议会的要求，并于 1776 年 7 月 4 日宣布独立。

作为对《独立宣言》的回应，英国不断地向美洲增派兵力。尽管在兵力上占优势，但是英国还是不能给美军以决定性的打击。美军的意志和士气，以及乔治·华盛顿英明的战略战术弥补了兵力上的劣势。法国加入了战争，开始用士兵、武器和资金支持殖民地一方，最终英国投降。1783 年，双方签署《巴黎和约》，英国承认"美利坚合众国"独立。

这个过去的殖民地目前面临的一项任务是建立一个能够运转起来的国家。为此，美国"国父们"制定了美国宪法，启蒙思想构成了这部宪法的重要基础。历史上第一个自由民主的统治制度就这样建立了，它成为后来许多国家效仿的榜样。

---

① 这个条约即《巴黎条约》。为了结束"七年战争"，英国、法国、西班牙和葡萄牙于 1763 年 2 月 10 日在巴黎签订。——译注

上图 1776 年 7 月 4 日，北美洲十三个英属殖民地的《独立宣言》标志着美国独立。

26. 自由、平等、博爱

18 世纪末，欧洲的几个国家相继发生了骚乱，市民和农民联合起来反对当权者。最激烈的抗议活动发生在法国。法国的贵族、教会显要、教士以及富裕市民阶层与普通民众之间存在巨大的鸿沟。不合理的税收制度是造成鸿沟的主要原因，富人最大限度地享受免税政策，而那些穷人的税收负担却越来越重。由于军费开支巨大，一些费用还要用于维持王宫里的奢华开销，国家面临严重的财政危机。路易十六急需用钱，所以他想像往常一样提高税收。为了避免由此引发暴乱，他于 1789 年召开了"三级会议"。这种等级会议自 1614 年以来就再没有举行过，这次召开的目的就是要代表们同意提高税收。

第一等级由教士组成，第二等级由贵族组成，他们分别有 300 位代表参会。第三等级由市民和农民组

上图 1789 年的漫画，第三阶级背着第一阶级和第二阶级。

成，他们代表 98% 的民众，经过与国王长久的谈判，他们被允许派 600 位代表参会。第一次会议上，关于是

按照等级还是按照人数表决的问题，三方产生了激烈的讨论。第三等级以及一些较低层的神职人员和贵族主张按照人数表决。国王对此表示反对，并下令各等级分别开会并各自表决。这一命令遭到第三等级代表的坚决反对，他们认为自己就代表国民。于是，1789 年 6 月 17 日，第三等级宣布召开"国民议会"，贵族代表以及许多较低层教士代表也同意参加。国王派军在凡尔赛的会议大厅前列队集结。6 月 20 日，代表们在室内网球场集会并宣誓，如果不制定出一部宪法，就绝不离开会场。路易十六又做了最后的一次努力，他亲自来到代表中间，宣布他们的行为是非法的，并重新下令按等级分别开会。"集会的民众不接受任何命令！"国民议会主席让·贝利回答道。他的这句话表达了法国人民拒绝专制主义和要求人民享有主权的鲜明立场。这也标志着革命的开始。

惊魂未定的国王下令在巴黎周围集结军队。这个消息四处传开后，

下图　大约 50 年后，画家雅克－路易·大卫用一幅巨大的油画呈现了网球场宣誓的场景。他希望人们能看到这个划时代的事件。

人们愤怒了。他们感到自己被围困了，被国王的士兵围困了。在公共广场上，有人慷慨激昂地发表演说，并号召人们拿起武器保卫巴黎。1789年7月14日，群众纷纷走上街头，四处寻找武器。人们涌向臭名昭著的国家监狱巴士底狱。据说，在这个30米高的监狱围墙内，囚犯常常被拷打致死。在人民眼里，巴士底狱就是专制统治的象征，人民痛恨这种暴政。现在，巴士底狱被人民攻占了，约有100位起义者在战斗中死亡；囚犯被释放出来，监狱长和狱警被击毙。随后，愤怒的人群高举插着人头的长矛在城里游行示威。

其实攻占巴士底狱是个错误，因为这一行动只解救出来7名普通刑事犯，并且几乎没有从中获取有用的武器。不过，从心理上和政治角度来说，攻占巴士底狱具有重大意义：人们成功地攻克了专制统治的象征。这增强了人民的自信心，是向人民行使主权的新秩序迈出的重要一步。因此，7月14日直到今天仍然是法

右图　法国人民攻占巴士底狱。

国国庆日。

革命的火种迅速在民众之间传播。农民开始起来反抗压迫者,他们抢劫、破坏宫殿和修道院,焚毁记有他们应尽义务的契约和文件。制宪议会[①]立即对此做出反应,会议从8月4日夜开始,一直到5日才结束,经过长时间的激烈的辩论,最后决定废除农奴制度,取消贵族和神职人员的一切特权。从今往后,在税收和法律面前,所有法国人一律平等。

8月26日,《人权和公民权宣言》(即《人权宣言》)发布:

(1)人生而自由,并永享同等权利。

(2)一切政府组织的目的就在于维护人的自然的和不可侵犯的权利。这些权利就是自由、财产、安全和反抗压迫。

(3)从本源上和本质上说,一切主权在民。

(4)自由就在于,只要不危害他人,一切皆允许。

(5)法律只追究危害社会的行为。

凡是法律不禁止的,均不得被干涉;凡是法律不禁止的,均不得被强迫。

旧制度从此被废止。欧洲的整个思想界都向法国投去羡慕的目光。法国制宪议会制定了一部宪法,法国就此成为君主立宪制国家。这就是说,国王虽然仍然是国家元首和行政机关首脑,但是他所拥有的政治权力却有限。大部分政治权力归制宪议会所有,体现了人民主权的原则。独立的司法机构为权力分立提供了最终保障。

依照我们今天的观点,当时的选举权还没有实现真正的民主:那时的选举权还是以财产和收入来分配的,2500万人里只有400万男性选民。尽管如此,1791年通过的宪法使法国成为欧洲第一个民主且合法的民族国家,一直到20世纪,这部宪法仍然是所有公民宪法的典范。

路易十六不想在这种事态下继续做国王。他企图携家眷逃往奥地利。但是,在离边境不远的地方,他们被认了出来,遂被士兵押回巴黎

---

① 1789年7月9日,国民议会改为制宪议会。——编者注

并严加看管起来。这次不专业的逃跑所带来的政治后果却是灾难性的：如果说在此以前还没有人想要废除君主制，那么现在就有人想要采取更为激进的行动了——将革命进行到底，建立一个共和国。欧洲的君主们非常不安地观察着这一局势的发展，因为他们担心，革命的理念会传播开来波及自己的国家。他们声明和路易十六团结一致，并为他提供军事援助。自 1792 年起，他们以各种联盟的形式对抗革命的法兰西，威胁道，假如法国王室遇难，他们就会摧毁巴黎。眼看法兰西就要面临战败的屈辱，加之食物短缺和物价飞涨，巴黎城内出现了一阵新的骚乱。国王作为主要罪人被逮捕，数千名"革命的敌人"被处决。1792 年 9 月 21 日，召开了新的人民代表大会，即所谓的"国民公会"，第一次会议宣布成立法兰西共和国。路易十六被指控叛国罪，并于 1793 年 1 月 21 日被送上断头台。

下图 1793 年 1 月 21 日，路易十六被处死。

在这样的变革时代，如果旧制度被推翻，而新制度尚未建立起来，通常情况下会出现两种政治派别：一种是温和派，主张循序渐进的改革，让新制度逐步从旧制度里成长起来，此又称改良派；另一种是革命派，这一派则力求对旧的政治秩序实施迅速而彻底的改造。

国王被处死，法兰西宣布成立共和国，这也意味着主张改良的君主立宪派已经失败。不过，在共和派内部也出现了分歧，形成了温和派和激进派。这两个派别分别自称为"吉伦特派"和"雅各宾派"。在革命的混乱中，经过许多暴力斗争后，雅各宾派最终取胜。其领袖人物之一律师罗伯斯庇尔（1758—1794）成为"福利委员会"主席，负责内政。他发表了冗长的演说，宣讲道德、善和正义，他要把法国建成一个富于美德的真正共和国。谁如果违背他关于美德公民的理想，谁就是革命的敌人，也是法国的敌人，必须被处死。罗伯斯庇尔的"美德国家"与现代"极权"专制国家有许多相似之处，在这样的国家里，人的所有生活领域都受到监视。据估计，

上图　马克西米连·德·罗伯斯庇尔肖像。

在他的恐怖统治时期，法国有 3.5 万至 4 万人死在了断头台上。罗伯斯庇尔的疯狂行为导致的结果是，只有他自己才是美德的化身。即便是他的朋友和同道，著名的丹东，也不再合他的意，最终被他送上了断头台。"福利委员会"的成员们意识到，任何人都性命难保，于是他们在国民公会上控告罗伯斯庇尔有罪。1794 年 7 月 28 日，他在众人的欢呼声中被斩首。

在接下来的几个月里，富裕的

市民阶层重新获得了政治影响力。人们制定了一部符合最初革命理想的宪法。"五人执政内阁"接管了政府事务，但是他们并没有为法国带来和平与安宁，暴乱此起彼伏，法国还要不断地忙于应对革命敌对势力奥地利、普鲁士、英国和尼德兰的挑战。在战争过程中，一位战绩卓著的年轻将军成为家喻户晓的人物，他就是拿破仑·波拿巴（1769—1821）。这时，法国民众的物资供应越来越困难，国内局势日益恶化。1799年11月9日，拿破仑趁机推翻了五人执政内阁，强行解散了议会，以"第一执政"之名接管了国家政权。不久之后，他宣布："革命结束了。"

经历十年动荡又艰难的革命岁月之后，法国人民强烈渴望安定和秩序，这时多数人希望能出现一个强有力的领袖人物。因此，作为"第一执政"的拿破仑就可以像一个君王一般实施统治，尽管法国还是一个共和国。1802年，拿破仑甚至成为"终身执政"。即使如此，野心勃勃、平步青云的拿破仑仍然感到不满足——他想做皇帝。于是，他修改

了宪法，并于1804年12月2日亲手给自己戴上了皇冠。至此，法国大革命就真正结束了。但是，法国大革命的口号"自由，平等，博爱"，以及它在欧洲首次表达出的人权和公民权理念，却持久地发挥着影响。

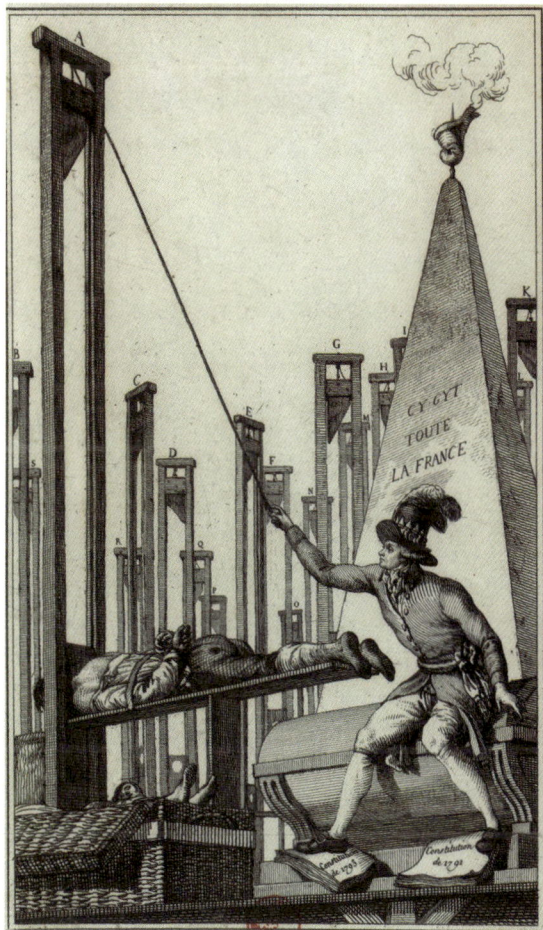

上图 **"整个法国都在这里安息"**，这是一张讽刺漫画传单上的墓志铭。它展示了罗伯斯庇尔作为革命的最后幸存者，被刽子手送上了断头台。

27. 拿破仑治下的欧洲

法国大革命以拿破仑加冕为皇帝而告终。一位比法国国王势力更为强大的统治者结束了大革命，这对于法国历史来说是个绝大的讽刺。但是，拿破仑对此并不满足。在欧洲历史上的权势人物中，他是最有权势者之一。拿破仑巩固了在法国的统治地位后，踏上了征服欧洲的征程，在其执政生涯的盛期，法国几乎占领了整个欧洲。他似乎所向无敌。1806 年，他让普鲁士军队遭到了毁灭性的打击，终结了"德意志民族的神圣罗马帝国"的千年历史。关于这位法兰西皇帝，普鲁士王后露易丝写道："他对事对人都缺乏真诚。他和他的野心只为自己和他的个人利益着想。人们对他的钦佩多于对他的爱。他被自己的幸运冲昏了头脑，以为自己无所不能。他不懂得节制，一个不知道节制的人就会失去平衡，就会摔倒。"

普鲁士王后一语成谶，因为和所有不知节制的征服者一样，拿破仑也遭遇了他的"滑铁卢"①——这个词直到今天还能让人们回想起他的惨败经历。他的失败是从 1812 年远征俄国开始的。为了这次远征，他集结了有史以来最强大的 60 万大军，整个世界都认为，法军能够速战速决。但是，战场上的一切都出乎意料。俄国军队避开所有正面交锋，不断地向后方撤退。1812 年 9 月，拿破仑的"大军"挺进莫斯科后却发现，这里几乎是一座空城。几天后，俄国士兵

右图　身为皇帝的拿破仑会让人想起路易十四的一幅著名画像，这并非巧合。

---

①　"滑铁卢"出自滑铁卢战役。1815 年，在比利时的滑铁卢，拿破仑率领法军与英国、普鲁士联军展开激战，法军惨败，被称为"滑铁卢之战"。滑铁卢战役最终决定了拿破仑及其帝国的命运。如今"滑铁卢"的引申义是形容在决定关头失败，比喻由鼎盛走向衰败的转折点。——译注

放火点燃了整座城市。

　　拿破仑清楚，若没有足够的给养和住处，他的军队无法熬过俄国的冬天。他派人给沙皇送去了停战协议，但是没有得到回复。他别无选择，只能打道回府。拿破仑大军的这次大撤退是一场灾难。每天都有数千名士兵死于饥饿、精疲力竭以及沿途俄军的进攻。最后只剩下 5000 人返回了家乡。

　　被认为战无不胜的拿破仑终于也战败了，这鼓舞了敌人的士气，他们开始联合起来对抗他，普鲁士、奥地利、俄国、英国和瑞典向法国宣战。1813 年 10 月 16 日至 19 日，发生了著名的莱比锡"民族大会战"。拿破仑重新征集起来的军队无力对抗联军，并遭遇了第二次重创。1814 年年初，联军进入巴黎，拿破仑被迫退位，随后被流放到了厄尔巴岛。一年后，他成功返回巴黎，推翻了新立的国王，并接管了政权。他虽然重组了一支军队，但在 1815 年 6 月的滑铁卢战役中还是被普英联军打

上图　拿破仑从俄国撤退，阿道夫·诺森绘。

败了。1821 年 5 月 5 日，拿破仑作为英国的囚犯在大西洋上的一个小岛圣赫勒拿岛 ① 上死去。

　　拿破仑的统治只持续了 10 年，战败后，他建起的大帝国就像纸牌屋一样颓然倒塌。拿破仑留给后世的不是他作为南征北战的统帅所取得的战绩，而是他作为一国之君所推行的改革。其中就包括 1804 年颁布的《民法典》（又称《拿破仑法典》），法国大革命的许多要求在这部法典里得以实现：

---

　　① 圣赫勒拿岛是位于南大西洋上的一个火山岛，是英国在海外的殖民地。因其孤立无援的地理位置，英国曾把它作为一个流放地，拿破仑被流放到这里，直到他 1821 年 5 月 5 日去世。——译注

对所有法国人实行统一的法律；法律面前人人平等；个人自由；废除等级制度；应聘公职不以出身而以成绩为录用标准；行业自由；择业自由；保障个人财产权；宗教自由；采用民事婚姻。

这部《民法典》成为欧洲乃至整个世界的民法典范。

拿破仑推行的行政改革也为他赢得了声誉。法国被划分成 98 个行政区，它们不是独立的，而要接受中央巴黎的指示。国家的教育也要受中央控制，全国施行统一的教学计划和课程体系，直到今天，整个法国的中学生还要参加全国统一的毕业考试。

拿破仑在德意志取得军事上的胜利后也推行了一系列改革。比如，教会辖区被世俗化，也就是说，其管理权交给了世俗诸侯，112 个帝国主教区在政治版图上消失了。此外，350 个帝国骑士领地和一些帝国城市也失去其自由地位，并接受诸侯的管辖。帝国由数百个大大小小的领

下图　起初，拿破仑似乎能够凭借他的军队赢得滑铁卢战役。据说英国将军威灵顿说过一句名言："我希望夜晚降临，或者普鲁士人会来。"令他和拿破仑惊讶的是，普鲁士人确实来了，他们与英国人一起击败了法国人。图为滑铁卢战役后的拿破仑军队。

地组成的诸侯割据状况终于结束了，取而代之的是一个实力增强了的且更具生存能力的中等国家。这次"政区重划"的大赢家是巴登、符腾堡和巴伐利亚，它们的版图明显扩大了。市民的共同生活也按照法国法律重新组织和规范。这意味着巨大的进步，尽管市民仍然被排除在政治决策之外，因为那时德意志还没有一个由人民选举产生的议会。

受法国思想的影响，改革对其他国家来说也势在必行，即便是普鲁士和奥地利也未能幸免。"为了避免发生革命，我们必须改革，去帮助那些被上帝保护的人。"一位普鲁士官员如此描述当时的局势。冯·施泰因男爵和冯·哈登堡男爵负责起草改革方案，他们的改革方案主要以法国为蓝本。按照学者威廉·冯·洪堡的设想，德国的学校和高等教育制度也得以现代化。直至今日，德国的大学仍然深受洪堡精神的影响。改革的整体宗旨是，让普鲁士的臣民变成有独立思想的公民，让公民带着责任感参与国家事务，直到有一天成为一个甚至能够与国王平起平坐的人民代表。

在另一方面，拿破仑也是一个伟大的改革家，尽管这并非他所愿：在这个被法国占领的、不独立的国家里，反抗一直没有停止过。当人们清楚地认识到，拿破仑在德意志更感兴趣的是用于战争的金钱和士兵时，他们的反抗情绪就越发强烈。最终，"反抗拿破仑"发展为德意志的一种民族运动。假如说德意志的诗人和思想家早已把自己看作一个"文化民族"的一员，那么如今他们就想成为一个"国家民族"。哲学家约翰·戈特利布·费希特在他的《告德意志民族书》里号召自己的同胞，"塑造自己的个性"并重新做德意志人。"让我们不要再做肉体上和精神上卑躬屈膝的奴隶，不要再做俘虏。"

的确，维护德意志民族独特个性的愿望，最终也导致了"解放战争"的爆发和法国在欧洲霸主地位的结束。德意志人日益增强的，往往是过于强烈的民族意识，其历史根源即在于此。

28. 欧洲仍不太平

为了从拿破仑的统治下获得解放，欧洲很多人付出了生命的代价。许多欧洲人开始期待一个更加美好的时代到来，希望每个人都能享有更多政治权利，而这正是王公贵族们企图阻止的。从 1814 年秋至 1815 年夏，他们在"维也纳会议"上聚集到一起，目的是重组欧洲秩序，而且尽可能多地保留旧秩序。在奥地利外交大臣梅特涅的主持下，与会代表试图让欧洲重新恢复到 1789 年前的状况。如果他们真的相信"时间可以倒流"，那他们就大错特错了。欧洲陷入不安之中，而且这种不安一直蔓延到欧洲与小亚细亚的连接处。

在那里，土耳其人自 13 世纪以来就逐渐征服了拜占庭帝国，并建立了奥斯曼帝国（因奥斯曼一世得名），它在数百年里一直是巴尔干半岛上的决定性力量。自 14 世纪以来，在那些被土耳其人战胜并被强行并入奥斯曼帝国的民族中，塞尔维亚人反抗得最强烈。经过多次失败后，1812 年起义因得到俄国支持而成功，塞尔维亚自治终获承认。但是，俄国害怕卷入欧洲列强之间的争斗而撤出，塞尔维亚人只能听天由命了。他们的领袖卡拉乔尔杰逃往奥地利。随后土耳其人反扑，并重新占领塞尔维亚。从 1815 年到 1817 年，塞尔维亚人在米洛什·奥布雷诺维奇的领导下携手抗敌，终于赢得了自由。当流亡的卡拉乔尔杰返回塞尔维亚时，奥布雷诺维奇谋杀了他，并推举自己为塞尔维亚大公。这直接导致了两个氏族之间的相互仇杀，塞尔维亚的历史从此陷入两个家族间的政治斗争和尔虞我诈。1817 年至 1941 年间的 9 位塞尔维亚当权者中，4 位被谋杀，4 位被驱逐出境。

像塞尔维亚人一样，希腊人也

上图　米洛什·奥布雷诺维奇，1817—1839 年和 1858—1860 年自封为塞尔维亚王子。

不再愿意屈辱地生活在土耳其人的统治下。1821 年，他们奋起反抗，土耳其人残酷地镇压了起义。这引起了世界上许多文明国家的一致反对，人们对这个"欧洲祖国"充满同情。在法国、英国和俄国的支持下，希腊人于 1827 年在纳瓦里诺海战中摧毁了奥斯曼土耳其的舰队。尽管如此，3 年后，也就是 1830 年，希腊才在所谓的《伦敦议定书》中确定了自己的独立地位。然而，希腊的局势并不太平，激烈的内部斗争随之而

来，第一任摄政王一年后就被杀害了。之后，欧洲大国又卷入希腊政治，17 岁的巴伐利亚王子奥托成为希腊国王奥托一世。但是，他没有得到希腊民众的支持，因为他的专制统治与希腊争取自由的理想形成了强烈反差。一次军事政变后，丹麦王子取代了他。1864 年，丹麦王子以乔治一世的身份实施权力有限的议会君主制，显著地推动了希腊的现代化进程。

在远离巴尔干半岛的尼德兰南方，生活在那里的天主教徒也奋起反抗。受到法国大革命的鼓舞，他们想要摆脱哈布斯堡王朝几百年的统治，并于 1790 年成立了"比利时合众国"。但是自由只是昙花一现，1792 年，该国被法国军队占领，后来又被兼并。同样的命运也降临到刚刚独立的尼德兰联省共和国的身上，在维也纳会议上，欧洲列强决定，要将尼德兰的天主教南方和新教北方以及卢森堡大公国合并到一起，组成"尼德兰联合王国"。新教徒威廉一世成为国王。然而，比利时人并不接受这位来自北方的国王的新教徒作风，他们的反抗意志不断

上图　巴伐利亚王子奥托一世（1832—1862 年任希腊国王）。

下图　比利时革命，古斯塔夫·瓦珀斯绘于 1834 年。

增强。1830 年，听到法国人起义推翻了政府，比利时人深受鼓舞，发动了"布鲁塞尔起义"。1830 年 11 月 18 日，国民大会宣布比利时独立，颁布了带有自由议会特征的君主立宪制宪法。在 1831 年的伦敦会议上，欧洲列强承认了这个新国家的合法性，并保证其中立国地位。

卢森堡大公国仍隶属尼德兰，但是，1842 年，它加入了"德意志关税同盟"。这种向德意志靠拢的举动不符合尼德兰政府的利益，于是，政府企图把大公国卖给法国，直接引发了"卢森堡危机"。1867 年，卢森堡获得独立并确定了其中立国地位。

29. 工业革命

法国大革命给欧洲各地人民带来的希望如同肥皂泡一样破灭了。很快就又和从前一样，王侯实施统治，臣民只能服从。许多人接受了这样的命运，而另一些人则继续战斗。1848年，这片土地终于又爆发了革命，这场革命从法国开始，迅速向欧洲蔓延。各地的人们都在要求更多的政治话语权，数月后，甚至出现了当权者想要让步的征兆。但是，他们那么做只是为了赢得更多的时间积蓄力量，企图用更强大的武力保护既得利益。在巴黎、维也纳和柏林，起义遭到镇压。

当王侯们正在竭力阻止或至少拖延政治变革之时，经济生活发生了翻天覆地的变化。18世纪后半期，从英国兴起的工业对人类生活的各个方面都产生了根本性的影响，甚至可以把它称作一场"工业革命"。这是自农耕文明和定居生活以来，人类生产条件的一次彻底变革。

处于世界航海和殖民霸主地位的英国变得越来越富有。这些积累的财富，以及具有启蒙思想的市民阶级日益增强的自信，使得这个国家的科学文化发展也处于领先地位。自然科学的蓬勃发展对工业化进程具有决定性意义。艾萨克·牛顿（1643—1727）作为自然科学的精神之父，利用严格的数学原理描述自然现象，然后再通过观察和实验检验其正确性。利用科学手段获取知识，不仅使科学家们加深了对大自然的理解，而且相关技术的应用也得以加强。詹姆斯·瓦特设计的可供工业使用的高效率蒸汽机就是其中一个典型例子。这项发明具有划时代意义。这种机器不仅减轻了人的劳动强度，而且在某些方面可以完全替代人的劳动。采矿、冶炼、钢铁生产都因此而有了革命性的变化。从这项

上图 　詹姆斯·瓦特和蒸汽机：19世纪的黎明。詹姆斯·艾克福德兰黛绘于1855年。

新技术中获益最多的是纺织业：利用蒸汽驱动的纺纱机和织布机被发明了出来，棉花加工变得更快、更容易，纺织品的产量大幅提高。更新、更大的工厂建立起来，不久，人们需要的机器数量大增，手工生产已经不能满足需求，而必须在工厂里批量制造才行。用于生产的钢铁需求量也越来越大，为此，首先要改善运输条件，以便于原料和产品能够尽快、尽可能便宜地运送到目的地。

蒸汽船和蒸汽机车便是工程师们为解决运输问题而发明的。1821[①]年，第一条铁路线在利物浦和曼彻斯特之间开通了，铁路轨道网的扩建进一步促进了工业的发展。批量生产的时代由此开始，英国踏上了世界第一工业国之路。

---

① 　1830年，从英国利物浦至曼彻斯特铁路正式开通，这是世界上第一条定期运行的火车客运路线。文中表述的1821年疑为作者笔误。

虽然有了这些发明创造，但是工业化还需要更多的劳动力。大批的劳力来自农村，因为这些人仅靠农业生产已经无法养活自己了。许多小农不得不卖掉自己的农舍和土地，像奴隶和女仆一样迁入城市。农民"逃离农村"又使得城市人口迅速增长，1760 年至 1830 年间，曼彻斯特的居民人数从 1.7 万人增长到 18 万人，并因而成为早期典型的工业

上图 1857 年的曼彻斯特。这里受工业革命的影响，烟囱林立。威廉·怀尔德绘于 1857 年。

城市之一。各种社会问题随之爆发：从农村来到城市的人，以前是在一种"自然节奏"里生活劳动，如今他们必须适应一种由工厂和机器决定的"人工节奏"，而许多人却很难或根本无法适应这种节奏，这种情况造成的结果就是失业潮、社会矛盾

加剧。工人和他们的家庭不得不居住在简陋的、缺乏基本卫生设施的集体宿舍里，这种环境也成为疾病和瘟疫的温床。工厂的烟囱没有任何防护措施，空气和水污染严重。法国学者阿历克西·德·托克维尔访问曼彻斯特后写道："文明创造了自己的奇迹，而文明化的人却几乎重新变成了野蛮人。"

苏格兰国民经济学家亚当·斯密（1723—1790）为新的经济形式提供了理论基础。他的主要著作《国富论》成为以逐利为导向的经济的《圣经》。斯密书中的主要观点是，人的劳动力是经济进步和社会财富的源泉。为了充分利用它，必须尽可能把生产过程划分成小单位，使人成为专业人才。商品的价格和所应生产的数量取决于市场上的供应和需求。国家不应对这一过程加以干涉，否则的话，会干扰这种"经济力量的自由游戏"。如果所有的"游戏参与者"都能够自由发展，并追求尽可能多的利益，普遍的福祉必然也会得到提高。也就是说，斯密要在个人利益与公共福祉之间寻找一种和谐。但是社会中的弱势群体却不能从中获益。他的"经

上图　亚当·斯密画像，约翰·凯绘于 1790 年。

济自由主义"理论主要符合工厂主和商人的利益。

尽管工业化的负面影响很早就显现出来，但是英国仍然成为其他国家纷纷效仿的榜样，很快，它们就开始紧赶英国。工业革命开始影响整个欧洲。

30. "社会问题"

弗里德里希·恩格斯，一个德国工厂主的儿子，对工人的状况做了考察，并于 1845 年撰写了《英国工人阶级的状况》一书。他得出的结论是，工业化制造出了两个势不两立的阶级：由富裕市民构成的"有产阶级"，即"资产阶级"；由依赖工资为生的工人构成的"劳动阶级"，即"无产阶级"。这两个阶级之间将会，而且必然会发生斗争和战争。

恩格斯在书里对激烈的阶级斗争做了预言：

和平解决问题已经太迟了。阶级分化日益加剧，反抗精神已越来越深入工人心中，愤怒情绪正与日俱增，个别游击式的小冲突正在汇聚成大规模的战斗和示威，一个轻微的碰撞就足以引起雪崩。随后，战斗的号角便会响彻大地："向宫廷宣

上图　弗里德里希·恩格斯肖像。

战，给茅屋和平！"到那时，即便富人们回过神来，也为时已晚。

但是，现实却是另一番景象，只发生了"个别游击式的小冲突"。有时愤怒的工人会冲进工厂里砸毁

机器，有时他们又会聚集到工厂主别墅的门前要求提高工资。这样的行动很容易被当权者镇压，而且常常是被血腥镇压。但是这种"社会问题"却无法使用暴力一劳永逸地加以解决，需要寻求其他解决之道。越来越多的人坚信，只有彻底改变现状，才能解决问题。在巴黎、布鲁塞尔和伦敦，来自欧洲各国的流亡者成立了许多秘密的革命团体，其中就包括"正义者同盟"，弗里德里希·恩格斯和他的朋友卡尔·马克思（1818—1883）都是这个组织的成员。1847年，这个同盟改组为"共产主义者同盟"，该同盟委托这两个德国人起草一份政治纲领。1848年2月，《共产党宣言》发表，它成为一份重要的历史文献。对有些人来说，它所宣告的是救世福音，而对另一些人来说，它就是魔鬼邪说；它的作者要么被当作"救世主"而受拥戴，要么被当作"害人精"而遭辱骂：

至今一切社会的历史都是阶级斗争的历史。自由民和奴隶、贵族和平民、领主和农奴、行会师傅和

上图　卡尔·马克思肖像。

帮工，一句话，压迫者和被压迫者，始终处于相互对立的地位，进行不断的、有时隐蔽有时公开的斗争。而每一次斗争的结局都是或者整个社会受到革命改造，或者斗争的各阶级同归于尽。

《共产党宣言》开篇如是说。马克思和恩格斯认为，在他们那个时代，资产阶级和无产阶级是相互对立的。资产阶级曾经发挥过重要的历史作用，在推翻封建主义统治的过

程中功不可没。他们在"不到一百年的阶级统治"中创造了比以往所有世代加起来都要多的生产力。但是，在现代工业社会中，工人"不过只是机器的零件，只要求他掌握极简单、极单调、极易学会的操作技巧"。于是，人就退化为"物"，他不再需要完成有意义的、能够让他感到满足的工作，他开始自我异化。商品生产的目的不再是满足人的需要，而是为了追求利润最大化。所以，成本，即工资必须尽可能低；其逻辑结果便是"无产阶级的贫困化"。这种结果会导致购买力匮乏，以及"生产过剩的危机"。为了结束这场"瘟疫"，就必须剥夺资本家的财产，让生产资料变成公有财产。然后，人剥削人的现象就会终止，工人就能够生产用于满足大众需求的产品了。这场无产阶级革命结束以后，无阶级的共产主义社会就会到来，在这样的社会中，每个人都是独立自主的，无须依靠他人，而是按照"各尽所能，按需分配"的原则生活。进而言之：

共产党人不屑于隐瞒自己的观点和意图。他们公开宣布：他们的目的只有用暴力推翻全部现存的社会制度才能达到。让统治阶级在共产主义革命面前发抖吧。无产者在这个革命中失去的只是锁链。他们获得的将是整个世界。全世界无产者，联合起来！

这个宣言发表之际，欧洲多个国家几乎同时爆发了革命。但是，这只是一个时间上的巧合而已，因为马克思和恩格斯的思想在那时还没有产生多大的影响。1848 年到 1849 年的革命还不是无产阶级 - 社会主义性质的革命，而是资产阶级革命。不过在后来的一百年间，革命尽管没有一直按照马克思和恩格斯所期待的方式进行，创始人的许多"共产主义"预言也还未一一应验，但是，它对历史进程产生的影响却并未中断。

31. 世界属于谁

　　"社会问题"不仅存在于欧洲，也存在于"拉丁美洲"。拉丁美洲是中南美洲的别称。美国以南的地区，大部分是西班牙殖民地，只有巴西属于葡萄牙。那些从小在殖民地长大的白人移民的后裔被称作"克里奥尔人"。虽然他们开发了这片土地，但是他们却没有政治权力，仍然被西班牙和葡萄牙的官员统治着。克里奥尔人想改变这一局面，甚至不惜采取暴力手段。开始时是多个分散的抵抗团体对抗西班牙士兵，但是，富有远见的首领很快就意识到，这样的斗争不可能取胜。于是，他们将分散的抵抗团体联合起来，形成具有战斗力的军队。南方军在何塞·圣马丁的率领下，北方军在西蒙·玻利瓦尔的率领下，加上美国的援助，最终打败了西班牙。

　　1810 年至 1825 年间，所有拉丁美洲国家都从殖民统治下获得了解

上图　西蒙·玻利瓦尔肖像。

放。西蒙·玻利瓦尔试图以美国为榜样，建立一个统一的共和国。但是，大部分国家想保持独立，走自己的

道路。于是，就诞生了今天我们所熟知的阿根廷、玻利维亚（以西蒙·玻利瓦尔的名字命名）、巴西、智利、秘鲁以及其他拉美国家。在反对欧洲殖民主义这一点上，这些国家的立场是一致的，它们得到了美国的支持。1823 年，美国总统门罗警告欧洲人，不要干涉美洲国家的事务，任何干涉"均会被认为是对合众国的不友好表态"。这一"门罗主义"①的明确意义就是，从此以后，"美洲是美国人的美洲"。这个近 200 年前的信条，至今仍是美国对外政策的重要准则。对西班牙和葡萄牙来说，丧失在南美洲的殖民地以及结束在南美洲大陆的影响，同时也意味着他们的世界霸主梦想已经破灭，在 15 世纪、16 世纪里，他们的航海家和探险家曾经带着这个梦想踏上了冒险之旅。

欧洲殖民强国，尤其是英国，在美洲损失惨重。之后欧洲列强开始调整方向，重新加强对远东地区的殖民统治。

英国把欧洲的竞争对手逐渐从印度排挤出去，其中主要通过一场针对法国的 7 年战争，这场战争从 1756 年持续到 1763 年。尽管如此，在名义上印度仍然不是大英帝国的一部分，它受"东印度公司"管辖。"东印度公司"是一个私人贸易公司，后来逐渐演变为一种准政府。直到 19 世纪中期，印度虽然在形式上是王侯在统治，但实际上，整个印度次大陆的实际统治者则是英国人。英国人想使这个国家现代化，也就是"西方化"。在这一过程中，他们很少考虑印度人的生活方式和文化。这就导致了 1857 年发生的印度士兵反抗英国军官的哗变。这次哗变迅速传播开来，最终演变为反抗英国统治的起义。但是，英国人利用忠诚于他们的印度军队成功地镇压了这次起义。此后，英国人正式接管了印度的政府，维多利亚女王被任命为"印度女皇"。但是，在政治上印度几乎没有发生什么变化。和其他所有殖民地一样，印度主要是被当作原料产地和

---

① "门罗主义"是由詹姆斯·门罗总统于 1823 年在对国会演说的国情咨文中提出的观点，其核心内容是：要求欧洲国家不在西半球殖民；要求欧洲不干预美洲独立国家的事务；保证美国不干涉欧洲事务，包括欧洲现有的在美洲的殖民地的事务。——译注

上图 密鲁特的印度士兵起义木版画。

销售市场，建设有效率的工业和改善当地居民生活条件并非英国人关心的事情。

尽管美国利用在日本的行动参与到了美洲之外的争夺殖民地的竞争中，但是英国在很长时间里仍然是殖民霸主。澳大利亚和新西兰以及太平洋上其他几个岛屿均属于大英帝国，剩余的岛屿则被荷兰、法国和葡萄牙瓜分了。

美洲、亚洲和大洋洲被瓜分之后，列强眼里的猎物最后就只剩下非洲了。对他们来说，"黑大陆"在过去的百年里只是因为奴隶贸易才有利可图。在这种贩奴贸易中究竟多少非洲人成为牺牲品，对此人们只能猜测，1000万是底线，也许在2500万至3000万之间，也有人估计数量为5000万。大量的人口损失所造成的结果对非洲来说是灾难性的，许多地区的部族结构及其生存条件都受到严重破坏。

1869年，随着苏伊士运河的开

上图　数以百万计的非洲人作为奴隶被贩卖到欧洲和美洲，这是世界历史上最黑暗的篇章之一。

通，西方列强对非洲的争夺也开始了。到世纪之交时，非洲大陆已基本落入欧洲人之手。1871 年建立的德意志帝国也开始加入到争夺殖民地的行列。但直到 20 世纪初，德意志民族国家成为现实之后，它才真正有所行动。一位名叫卡尔·彼得斯的人言简意赅地写道："德意志民族在瓜分地球的竞争中几乎一无所获。这不过是弥补它错过的那一百年的过失。"

占领地球上第二大陆的冠冕堂皇的理由是一种伪科学理论，即所谓"黑人是劣等种族"，白人认为，需要给非洲带去文化和文明。而事实上，白人所关心的只是非洲大陆的原料和矿藏，以及随之而来的金钱和权力。

许多非洲国家今天需要努力克服的经济和社会问题，主要还是来源于欧洲殖民者无所顾忌的殖民政策。富裕的欧洲工业国家为这些国家提供帮助，其实并非什么慷慨之举，而是一种迟到的补偿。这是必要的，但可惜还远远不够。

32. "自己建立自己!"

在 19 世纪的欧洲,那些尚未独立的民族都渴望民族独立,而那些被"肢解"的民族则渴望统一。意大利就属于后者。长久以来,在前罗马帝国的残余部分,早已存在多个王国和公国,它们一部分独立,一部分处于西班牙、奥地利和法国的统治之下。一种期望恢复辉煌过去的信念促成了一场运动,其目标就是意大利的复兴。最初这个运动仅来自一个秘密社团"烧炭党"。由这个秘密社团发起的起义都被镇压了,这些失败促使他们改变了斗争策略。复兴运动的精神领袖朱塞佩·马志尼(1805—1872)于 1831 年建立了"青年意大利党",他想让复兴运动发展成一种民族运动。他的目标是建立一个自由、独立、共和的意大利。在这方面,他得到了传奇人物自由战士朱塞佩·加里波第(1807—1882)的支持。他们的口号是"意大

上图　朱塞佩·加里波第肖像。

利会自己建立自己!"他们想从异族统治下获得解放并实现统一。但是,与法国和奥地利的数次战役却屡屡失败,这让他们认识到,必须寻求帮助才能成功。这时,英明的政治家加富尔伯爵向他们伸出了援手,虽

上图　梵蒂冈有自己的军队：瑞士卫队。它负责保护使徒宫和梵蒂冈城的入口，并负责教皇的人身安全。只有年龄在 19 至 30 岁之间且身高至少为 1.74 米的天主教瑞士人才能成为卫队士兵。

然他不是共和派，而是一个期望实现君主立宪的意大利人。

作为撒丁尼亚－皮埃蒙特王国的首相，加富尔在"克里米亚战争"（1853—1856）中支持法国。在这次战争中，俄国对奥斯曼帝国宣战，目的是在巴尔干半岛有更大的影响力并借此机会得到地中海的入海口。俄国的这种扩张企图不符合英国和法国的利益，因此，它们和土耳其携手对抗俄国。1855 年，撒丁尼亚－皮埃蒙特站到法国一边加入战争。作为回报，法国人帮助加富尔共同对抗奥地利，并于 1859 年首次获得胜利。

1860 年 5 月，加里波第率领 1000 名志愿者秘密登陆西西里岛。尽管有 2 万名王室士兵驻扎在那里，但是加里波第还是以智取胜。7 月中旬，加里波第控制了西西里岛，并入住王宫。他的队伍在此期间已经壮大到 1 万人，已经做好进攻大陆的准备，力图征服那不勒斯－西西里王国的大部分领土。战斗中，王室军队节节败退。加里波第所到之处受到人们的热烈欢迎。9 月 7 日，他的队伍进入那不勒斯，结束了波旁王朝自 1735 年以来在那不勒斯－西西里的统治。

至此，除了罗马的教皇国梵蒂冈，以及属于奥地利的威尼斯之外，意大利的所有领土都统一了。1861 年 1 月，意大利举行了第一次议会选举，3 月 17 日，意大利王国宣告成立。

33. 俾斯麦帝国

"统一、正义和自由，为了德意志祖国。"霍夫曼·冯·法勒斯莱本在他的《德意志之歌》中如此写道。1848 年革命失败后，这一期望又成为遥远的梦想。和以前一样，德意志又形成了一个松散的邦联，普鲁士和奥地利重新开始争夺霸权。

普鲁士首相奥托·冯·俾斯麦（1815—1898）成为德意志政治的新强人。1862 年 9 月 30 日，他刚刚上任就发表演说："当代的重大问题并非通过演说和多数派决议就能解决——这是 1848 年和 1849 年所犯的重大错误，而是要用铁和血来解决。"俾斯麦的目标是，在普鲁士领导下，建立一个强大的德意志民族国家。为达此目的，可以不择手段。

1866 年 6 月，普鲁士退出德意志

上图　奥托·冯·俾斯麦肖像。

邦联，并挑起对奥地利的战争。1866 年 7 月 3 日，在克尼格雷茨战役[①]中，普鲁士军队出人意料地迅速获胜。《布拉格和约》签订之后，德意志邦联解散，奥地利被赶出德意志，

---

① 克尼格雷茨战役，是普奥战争中的战役之一，普鲁士人称此战为克尼格雷茨战役，奥地利人称之为萨多瓦战役。——编者注

上图　德意志帝国在凡尔赛宫的镜厅里宣布成立，法国人认为这对他们来说是一种耻辱。

普鲁士与美因河以北的各州组成"北德意志联邦"。俾斯麦虽然在政治上不择手段但还是有越来越多的德国人将他视为实现德意志统一旧梦的人。

俾斯麦想利用这种新的民族浪潮，将南德意志各州与北德意志联邦结合到一起。为达此目的，战争仍然可以作为一种手段，这场战争就是对付它们共同的敌人法国。通过巧妙的战术，俾斯麦实现了这一目标。法国向普鲁士宣战，因此也向其盟国宣战，普法战争就此爆发。

战争期间爆发出来的民族热情，和针对拿破仑的解放战争爆发前一样。1870 年 9 月 2 日，来自德意志各地的士兵与法军对战，并在色当战役中击败了法国人。

这次联合作战胜利后，德意志比以往任何时候更加团结了。公众和舆论开始躁动起来。在这种民族情绪高涨的情况下，南德意志诸侯和政府已经无力再反对俾斯麦统一德意志的计划。1871 年 1 月 18 日，在凡尔赛宫镜厅，普鲁士国王威廉被宣布为德意志皇帝威廉一世。那是第一个德意志民族国家诞生的时刻。德意志人终于实现了他们的梦想：他们有了一个皇帝，一个帝国，三个月后也有了一部宪法。但是这个帝国真的是他们原来梦寐以求的样子吗？这个新帝国是诸侯们的作品。虽然有了一个由德意志人选举产生的国会，但是它没有最终决定权，它对政府也没有监督权，它只对皇帝负责，皇帝和首相拥有政治决策权。因此，帝国成立后不久便传来批评的声音，这种声音主要来自德国南部各州。

34. 二元君主制奥匈帝国

在克尼格雷茨战败后，奥地利不得不接受在德意志邦联的解散与重组过程中只能靠边站的事实，而且它还必须把威尼斯还给意大利。如果哈布斯堡家族还想在列强音乐会上继续参与演奏，那么它就不能再失去多民族的帝国东部领土。因此，对它来说最重要的就是，与长期以来一直争取独立的匈牙利达成和解。经过漫长的谈判，双方终于在 1867 年达成一种妥协，组成了一个宪法上的特殊政体：二元君主制的奥匈帝国。奥地利皇帝同时也是匈牙利的国王，下设外交部、国防部和财政部以及各种行政机关。奥匈两国拥有各自的宪法、议会和政府，在立法、

上图　奥匈帝国军队进入萨拉热窝。

行政、司法、税收、海关、铸币等领域分别享有自主权。为了对外交部、国防部和财政部实施监督，双方议会共同选举出一个几乎形同虚设的委员会。

匈牙利被提升为与奥地利并列的领先国家，这激起了捷克人、斯洛伐克人、波兰人、塞尔维亚人、克罗地亚人、斯洛文尼亚人和罗马尼亚人的不满情绪，他们也想成为二元君主制国家，如今匈牙利走在了前面，让他们觉得自己的国家成了二等国家，这是他们不能接受的。于是，要求自治的声音越来越大。但是，这个二元君主国并没有竭力平衡内部矛盾，而是吞并了波斯尼亚和黑塞哥维那，目的是巩固其在巴尔干地区的地位。这加剧了奥匈帝国与塞尔维亚的冲突，在俄罗斯的支持下，塞尔维亚力图使南斯拉夫地区脱离奥匈帝国的控制，联合成立一个大塞尔维亚帝国。这一冲突成为第一次世界大战的起因之一。

35. 巴尔干焦点

在巴尔干地区，除了已经提到的那些民族，还有其他民族也在为争取独立而战斗。

保加利亚人在他们曲折的历史中，曾经是基督教国家，后来成为拜占庭的一部分，自 1396 年起又成为奥斯曼帝国的一部分。18 世纪下半叶，保加利亚兴起了一种试图脱离希腊东正教并结束土耳其统治的运动，其目标是"保加利亚的民族精神复兴"。1870 年，随着一个独立的保加利亚教会的建立，保加利亚人迈出了第一步。第二步是在 1877 年至 1878 年的"俄土战争"后迈出的，俄国力图把从土耳其人手里解放出来的保加利亚建成一个从多瑙河到爱琴海的大保加利亚帝国。俄国首先考虑的不是保加利亚的利益，而是自己的利益。一个在俄国势力范围内的大保加利亚帝国可以实现俄国人的古老梦想——自由出入地中海。

但是，其他欧洲大国并不同意这一点。在 1878 年的柏林会议上，他们明确拒绝了俄国的计划：保加利亚北部成为一个自治公国，南方的部分仍为奥斯曼帝国的一个省。

然而，保加利亚人并不接受这个分割方案。7 年后，他们成功地将分裂的两部分统一起来，而这又引起了他们的邻居塞尔维亚的不满。于是，战争接踵而至，最终保加利亚获胜。但如此庞大而独立的保加利亚并不符合俄国的利益，俄国试图再次干预：通过亲俄的保加利亚军官的政变，大公亚历山大一世被迫退位。尽管如此，俄国还是未能成功地让他们选择的继任者上台。欧洲列强再次介入，萨克森－科堡－哥达家族的王子成为保加利亚大公斐迪南一世。他推行保加利亚的完全独立，并于 1908 年被加冕为沙皇。

保加利亚的北部邻国也不得不为

上图 保加利亚大公亚历山大一世。

民族统一而战。大约在 1600 年，当勇敢者米歇尔试图将瓦拉几亚和摩尔多瓦统一成一个公国时，罗马尼亚似乎首次以一个独立国家的形象登上历史舞台。但是，米歇尔被谋杀了，之后，这两个公国又落入外族之手长达 250 年，先后处于奥斯曼帝国、匈牙利、奥匈帝国和俄国的统治下。

克里米亚战争结束后，1859 年在巴黎召开了和平会议，欧洲列强决定将瓦拉几亚和摩尔多瓦公国统一在罗马尼亚的名下。但是罗马尼亚第一任大公亚历山德鲁·库扎于 1866 年被心怀不满的贵族用阴谋推翻，然后这个宝座被献给一位德意志王子。卡尔·冯·霍亨索伦－西格马林根成为罗马尼亚国王卡罗尔一世[1]（直到 1914 年仍在位）。然而，在形式上，罗马尼亚仍处于奥斯曼帝国的宗主权之下。直至前面提到的 1878 年柏林会议后，这一局面才发生了变化，罗马尼亚作为独立国家得到承认。

几个世纪以来，阿尔巴尼亚人生活在不同的统治者之下，在过去 500 年里，保加利亚人、诺曼人、拜占庭人、威尼斯人和塞尔维亚人作为统治者为这个地中海国家带来了不同的生活方式和观念。后来，1385 年土耳其人占领了这里。阿尔巴尼亚的各个部族联合起来对抗土耳其人，在他们的民族英雄斯坎德培的带领

---

[1] 卡罗尔一世，全名卡尔·埃特尔·腓特烈·泽菲林努斯·路德维希·冯·霍亨索伦－西格马林根，（1839—1914），罗马尼亚霍亨索伦－西格马林根王朝的第一位国王。——译注

19 世纪末，民族运动再次兴起。经过多次起义，阿尔巴尼亚国民议会于 1912 年宣布国家的独立。即使在这种情况下，欧洲列强仍然要插手干预。让它们承认阿尔巴尼亚独立的条件是，阿尔巴尼亚人必须接受一个由欧洲列强推选出来的摄政王。这个条件勉强被接受了。于是，威廉·冯·威德王子于 1913 年成为阿尔巴尼亚亲王。[①]

上图　罗马尼亚的国王卡罗尔一世和他的外甥、曾外甥。

下，阿尔巴尼亚人为争取自由奋斗了 25 年。但是，斯坎德培去世后没多久，这个国家再次沦为奥斯曼帝国的一部分。随着时间的推移，越来越多的阿尔巴尼亚人接受了伊斯兰教的信仰。

上图　斯坎德培（约 1405—1468）。

---

①　1913 年 5 月，列强在《伦敦条约》中承认阿尔巴尼亚的独立，亲王国于 1914 年 2 月 21 日成立。列强推选了罗马尼亚王后伊丽莎白的侄子威廉·冯·威德为阿尔巴尼亚亲王。——译注

36. 德意志的本质就是治愈世界

19 世纪后半期被称作"帝国主义时代"。欧洲工业化国家、美国和日本一直致力于对世界其他民族统治权的争夺。这些殖民者声称，自己的种族优于那些被占领国的种族，以此为它们的侵略行为做辩解。英国的殖民主义政治家塞西尔·罗兹于 1877 年写道："我断言，我们是世界上最高等的种族，因此，我们在世界上占据的地方越多，对人类来说就越好。"这种思想在其他国家也有，比如在德意志。

1871 年，一个普鲁士主导的德意志帝国成立。这个位于欧洲心脏地带的新兴霸主让邻国感到了威胁，他们用怀疑的目光观察着它。帝国首相俾斯麦大权在握时，他对邻居们采取了怀柔政策，让他们消除顾虑，他声明，德意志对自己的领土感到满意，已经"知足了"。他费尽心机想出来的联盟政策保障了帝国的地

上图　威廉王子，照片拍摄于 1887 年。

位，也维护了欧洲的和平。

然而 1888 年，29 岁的威廉二世继承皇位后不久，就采取了"新的路线"。这位野心勃勃、变化无常且非常自负的年轻君主的座右铭是："德意志的本质就是治愈世界。"他解除了帝国老首相的职务，因为俾斯麦不支持他称霸世界的幻想。之后的德意志，如皇帝常说的那样，"开足

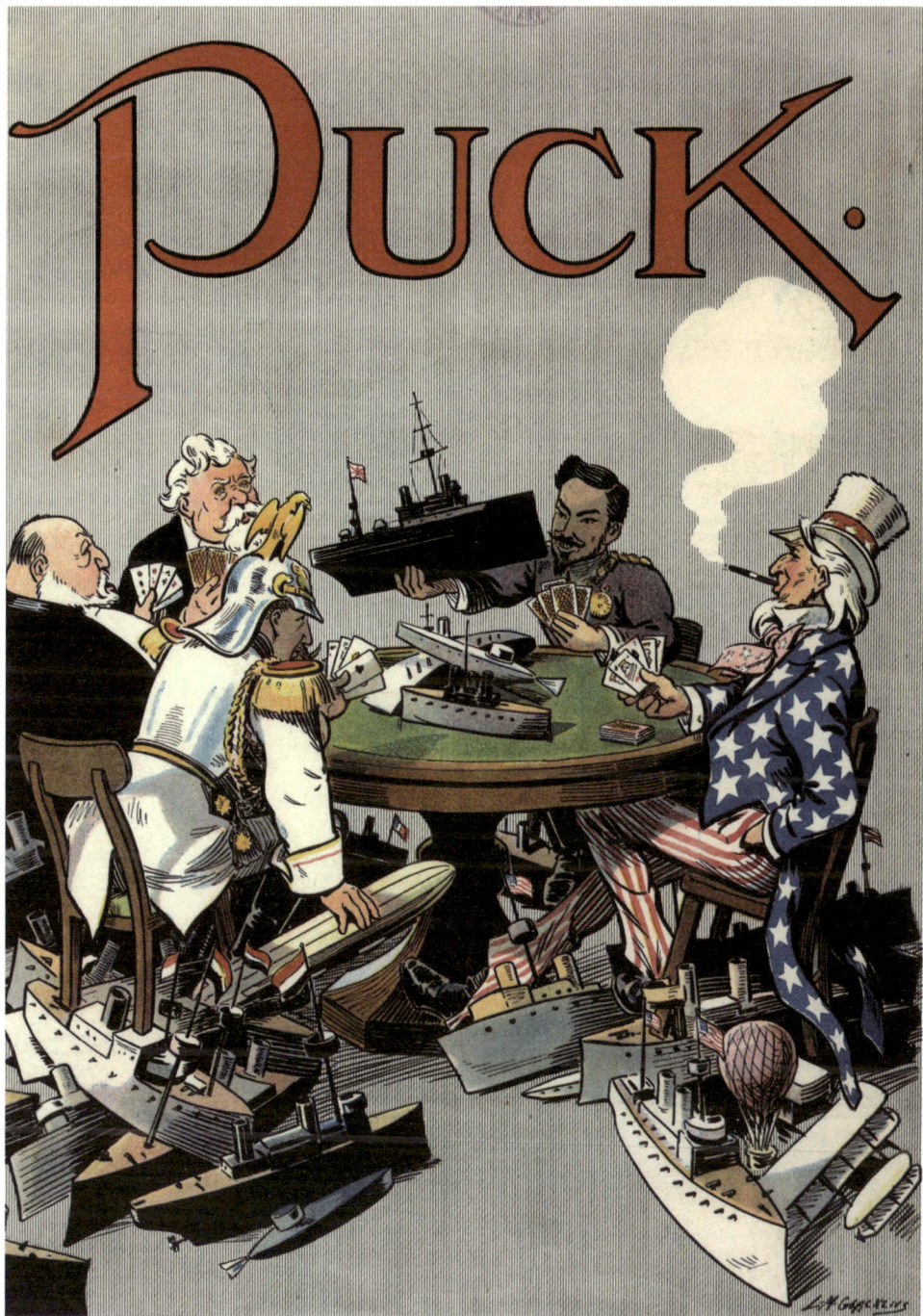

上图　漫画展示了 5 个国家参与的海上军备竞赛。

马力前进"。后来的帝国首相冯·比洛夫于 1897 年就殖民政策在帝国会议上发表了演讲，他在演讲的最后说：过去，德意志人把陆地让给了某位邻居，把海洋让给了另一位邻居，而只为自己留下一片天空，这样的时代已经一去不复返了……我们不想把任何人置于阴影之下，但是我们也要拥有太阳下的一块地盘。

为了占据这样一块地盘，首先就必须拥有一支舰队，因为只有这样才能占据和保障海外的原料产地和销售市场。于是，皇帝下令，要尽快建立一支强大的舰队。这位虚荣自大的皇帝甚至亲自动手参与设计。

紧接着英国发现，自己的海上霸主地位第一次受到了挑战，于是它建造了更庞大的舰队以应对威胁。欧洲其他国家面对德意志的"穷兵黩武"也没有袖手旁观。当德意志政府不再续签俾斯麦的联盟协定时，英国、法国和俄国就缔结了联盟条约，避免相互之间发生战争。德意志被孤立了，陷入了四面楚歌的境地。德皇和他的政府认为，必须进一步扩军，以便在必要时使用武力捍卫自己的利益。这种普遍的扩军备战以及日益高涨的民族主义情绪使欧洲变成了一个火药库，稍有一丝火星就足以引发爆炸，而所有参与者似乎都在等待这丝火星。几乎没有人想继续致力于维持和平。

37. 第一次世界大战
——20 世纪的"灾难之母"

1914 年 6 月 28 日，奥匈帝国皇储弗朗茨·斐迪南和他的夫人访问波斯尼亚首都萨拉热窝。在火车站附近，他们上了一辆车，之后这里就发生了爆炸。

斐迪南夫妇安然无恙并决定继续他们的行程，这个决定可以说是灾难性的。他们在市政厅刚刚结束会见，一位青年人突然从人群中冲出来朝他们开枪射击。弗朗茨·斐迪南当场死亡，他的夫人死在去医院的路上。凶手是一名塞尔维亚民族主义者，他和他的许多同胞一样，梦想实现一个大塞尔维亚帝国，认为奥匈帝国皇储是他们实现这一梦想的障碍。他的这次刺杀行动本来不应该引起一场大战，如果是在其他时代或许根本就不会引发战争。但是，现在它却成了那丝引燃爆炸的火星。后来有人说，没有人真正想让这场战争爆发，那些"大人物和上层势力"都是身不由己地陷入战争中去的。所有这些托词只是想说，那些"大人物"已经失去控制局面的能力了。也有人不认可这种观点，因为，某些"大人物"甚至表示，他们非常清楚自己在做什么。德国历史学家弗里茨·费舍尔在他的《争雄世界》[①]一书中写道："萨拉热窝刺杀事件对德意志领导者来说，是一个他们蓄谋已久的发动战争的绝佳机会。"

不管怎样，德意志本来是能够制止这场战争的，因为奥匈帝国单独对抗与俄国结盟的塞尔维亚是不可能的。但是，威廉二世向维也纳的皇帝保证，在任何情况下都会伸出援手，并利用这张"空头支票"鼓动他向塞尔维亚开战。结盟机制迅速做出反应，8月4日，另一方也正式宣战。交战一方是德意志和奥匈帝国，另一方是塞尔维亚、俄国、法国和英国。

在许多欧洲人眼里，双方开战甚至是一件值得欢呼的事情。因为几个月的紧张情绪终于释放出来了，他们似乎觉得可以松一口气了。尤其是德意志人，人们预计战争很快就能结束，士兵们坚信，他们将会回家过圣诞节，并且会作为战争英雄受到欢迎。一些人发出的警告声音被置若罔闻，或者根本就没有被认真对待。这种声音主要来自诗人和艺术家，不过也有一些政治家徒劳地指出了战

---

① 原版书名为 *Der Griff nach der Weltmacht*，中文版图书名为《争雄世界：德意志帝国 1914—1918 年战争目标》，1987 年 10 月由商务印书馆出版。——编者注

上图　弗朗茨·斐迪南和他的夫人在萨拉热窝遇刺。

争的后果。比如英国的外交大臣爱德华·格雷在 8 月 4 日指出："在这一时刻，整个欧洲的灯熄灭了，有生之年，我们将再也见不到它们闪亮。"而这样的悲观意见被束之高阁。

短时间内，看上去确实如此，好像那些警告的声音都是谎言，应该受到惩罚。德军在东西线战场所向无敌，战争结束似乎指日可待。可是，英法部队在巴黎近郊阻止了德军的进攻。9 月 6 日至 9 日的马恩河战役之后，运动战改为阵地战。这样一来，德意志的作战计划就无法实现了，对德意志和奥匈帝国一方来说，战争实际上已经失败了。尽管如此，两个前线阵地上仍然在继续战斗。士兵们挖战壕，向敌人射击，或被敌人射击，但是双方均无进展。若想攻占几百米的阵地，就要付出许多生命的代价。战事就这样持续了 4 年，前线的士兵只不过是"炮灰"而已。

这场战争的恐怖高潮是凡尔登战役，作战中首次使用了机关枪、装甲车、飞机、飞艇和毒气。1916年年初，德军最高统帅部企图让法国"流尽最后一滴血"，以期扭转战

上图　1916 年，凡尔登战役法国战壕中休息的士兵。

局。在持续数月的"重型武器战"中，战况空前惨烈，法德双方总共约有 70 万士兵丧生。一位士兵在临死前写道：

在我们的阵地对面，似乎世界末日已经来临。爬出战壕！没有一块地方未被炸烂。机关枪突突作响，四处喷着火舌。地狱般的喧嚣。这儿

倒下一个，那儿又倒下一个。U上尉，目前是我们的连长，站了起来，突然他手中的作战地图被炸成碎片，他双手捂住胸口，向前倒地，几分钟后就死了。中午12点，敌人开始反击，一阵手榴弹轰炸后，他们又撤退了。

"凡尔登的地狱之战"将战争的无意义彻底表现了出来。

1917年年初，德意志最高统帅部发出"无限制潜艇战"的命令，从此刻起，这场战争才成为真正的第一次世界大战。所谓"无限制"的意思是，中立国的船，包括美国的船，均可被击沉。1917年4月6日，美国随即向德意志宣战。但是，以兴登堡和鲁登道夫将军为首的德军却一直不肯相信，德意志的败局已定。他们仍然梦想"齐格弗里德"[1]现身，并拒绝了德国国会和美国总统伍德罗·威尔逊的和平倡议。1918年3月，他们强迫革命家列宁领导下的俄国新政权签署了《布列斯特－立托夫斯克和约》。不过，半年后，最高统帅部也不得不承认，德意志已经战败。1918年10月1日，鲁登道夫将军向高级军官承认："最高统帅部和德国军队已经完了。战争已经不可能获胜，彻底失败就在眼前。"

然而，鲁登道夫和最高统帅部并不想承担战败的责任。因此，他向德皇提出建议："现在应该让那些使我们陷入今天这步田地的人也进入政府，让他们去签署必须签署的和约。让他们去喝那碗烂汤，这是他们咎由自取。"这是无耻地歪曲事实，其目的只是保护军队免遭投降的耻辱，失败的责任应该由政党，尤其是德国工人党和社会民主党承担。将军们的策略成功了，以损害第一共和国为代价，不过这是后话。

但是，战争还没有结束。虽然鲁登道夫已承认战败，并于10月26日引退，可是两天后海军司令还是向远洋舰队下令，命他们向英国舰队发起最后攻击。不过水兵们不想再去当炮灰，他们冒险起义，起义的情绪迅速感染了工人和士兵，最终发展为"十一月革命"。1918年11月

---

① 齐格弗里德是北欧神话中的英雄，著名的屠龙勇士。——编者注

9日，社会民主党人菲利普·谢德曼宣布"德意志共和国"成立，皇帝威廉二世逃往荷兰，各地诸侯退位。11月11日，社会民主党领导的新政府签署了停战协定，战争武器终于真正保持了沉默。

随后举行的巴黎和会却不允许德国参加。战胜国组成法庭并起草了《凡尔赛条约》，条约的某些条款相当苛刻，不只是德国感到不公。尤其是第231条条款，战争爆发的责任以及战争造成的"所有损失和伤害"全部由德国及其盟国承担，这在德国引起了众怒。政府总理谢德曼拒绝在和约上签字，并辞去了总理职务。战胜国以继续战争相威胁，德国新政府不得不签字。

在德国，人们针对社会民主党政客们的怒火越来越大，在许多人看来，"屈辱的和约"和"凡尔赛耻辱"的罪责应该由他们承担。右翼政党和团体要求"修正《凡尔赛条约》"。我们今天甚至可以说，结束第一次世界大战的和约里已经孕育着第二次世界大战的萌芽。

第一次世界大战夺去了1000多万人的生命，另有3000万人受重伤

上图　菲利普·谢德曼在国会大厦宣布德意志共和国成立。

并因此改变了他们一生的命运。战争也彻底改变了世界。俄国、德国和奥匈帝国三个大君主国被毁灭；多民族的奥地利被瓦解，新的国家如捷克和南斯拉夫诞生了。奥斯曼帝国也彻底崩溃，土耳其成为一个独立国家。中东地区的其他国家和地区被置于英国和法国的管辖范围之内。尽管法国和英国是战胜国，但也损失惨

重，经济和政治实力被严重削弱。总体来看，欧洲丧失了其世界主导地位，而美国则首次以世界大国的形象登上了历史舞台。美国是战争的真正赢家。美国的参战和俄国"十月革命"使1917年成为一个划时代的年份。虽然年轻的苏维埃共和国还很虚弱，但是随着第一个社会主义国家的诞生，世界开始在意识形态和世界观上分裂为两大敌对阵营。

38. 苏 联

19世纪末，马克思和恩格斯的著作在沙皇俄国产生了影响，虽然该著作本来是为工人写的，但首先受影响的并不是工人，而是知识分子。其中的一个知识分子就是弗拉基米尔·伊里奇·乌里扬诺夫，化名列宁。大学时期，他就开始研究马克思主义学说，并对马克思主义学说加以改造，以适应俄国国情。在列宁看来，社会主义革命不仅能够在高度发达的资本主义国家进行——那里有具备阶级意识的无产阶级——而且可以先在一个不发达的国家开始，再向其他国家蔓延，最后遍及全世界。

上图 弗拉基米尔·伊里奇·乌里扬诺夫，化名列宁（1870—1924）。

为实现这一目标，必须首先建立一个由革命家严密组织起来的"精英政党"，由它来领导无产阶级，并在人民中传播革命意识，由党决定，何时发动革命。在社会主义向共产主义社会过渡期间，必须始终保持党的领导地位，保护人民免受革命反动势力的威胁。

俄国社会民主工党分为两派，一派是激进的"布尔什维克"，一派是温和的"孟什维克"。在列宁的领导下，布尔什维克成为 1917 年十月革命的决定性力量。

1917 年 3 月，对战争已经厌倦了的工人和士兵在圣彼得堡发动了起义，他们迫使沙皇退位，并宣告成立共和国。但是，新成立的临时政府只想要政治革命，而不想要社会革命，工人和农民的处境并未改变。而且，新政府还要继续对德国作战，从而造成人民生活所需的物资供应短缺，形势更加恶化。在这样的局势下，流亡瑞士的列宁返回了俄国。在他的《四月提纲》里，列宁要求立即停战，推翻临时政府，一切权力归工人和士兵委员会（即苏维埃），没收大地主的土地，并把土地分给农民。

临时政府向列宁的党发出禁令，并派军队镇压游行的工人、农民和士兵，勉强维持了政权。但是，生活物资供应的情况越恶化，列宁的口号"和平、土地和面包"就越具有吸引力。到了 10 月，列宁发现，采取行动的时机已经成熟。"政府已经摇摇欲坠，我们只需给它最后一击，它就会颓然倒地。"

党的中央委员会决定，11 月 7 日即俄历 10 月 25 日接管政权。布尔什维克占领了首都几乎所有重要机关，冲进冬宫，逮捕了正在那里开会的临时政府成员。当日晚，"全俄工兵代表苏维埃大会"召开，列宁在会上宣布成立苏维埃社会主义共和国。孟什维克对布尔什维克的行为和目标表示反对，并退出会场。随后，大会成立了以列宁为首的"人民委员会"，作为革命政府。这样，布尔什维克几乎没有流血就夺取了政权。革命政府随即颁布法令，用以实现对和平、土地和面包的核心要求。随后颁布的法令还规定：工业、银行以及教会财产全部国有化；禁止一切私营贸易，生活物资由政府统一分配；旧的司法机关由人民法院取代，法官由选举产生；妇女与男性享有同等权利；离婚手续简化，非婚生子女和婚生子女享有同等权利；中学和大学对劳动人民开放，教育、科学和艺术将为培养"新人"做出贡献。

这种对社会实施彻底改造的计划是世界历史上的一次伟大实验。它对欧洲各地的知识分子具有特别的吸引力。而大多数人对此持怀疑或拒斥态度。当新成立的苏维埃共和国召开大会选举立宪会议代表时，布尔什维克仅获得 175 个席位。立宪会议于 1918 年 1 月 18 日在彼得格勒①召开。此后，立宪会议就被强行解散了。

布尔什维克声称，它比人民自己更清楚人民的利益之所在，因此它的任何政策都符合人民的利益。这也正是列宁的观点。布尔什维克作为少数派取得了政权，并试图利用一切手段保住它，但也由此导致了内战的爆发。沙皇的支持者、资产阶级自由派

以及其他社会主义者得到西方列强的支持和援助对抗苏维埃政权。在这个过程中，革命反对派，靠获得的大量物资，在战争初期赢得了相当的优势。1919 年 10 月，他们的军队兵临圣彼得堡城下。列宁最具智慧的战友国防人民委员列夫·托洛茨基，逐步建立起一支红军。由于革命反对派之间无论是政治上还是军事上都难以协调一致，最终被红军挫败。1920 年秋，红军取得胜利。

内战双方都竭尽全力投入激烈残酷的战斗中，伤亡非常惨重，约有 1100 万人丧生。国内经济陷入混乱，工农业生产严重不足，无数的人死于饥荒。在这样的处境下，列宁认识到，必须脱离纯粹的理论，1921 年列宁宣布采取"新经济政策"。这一经济政策允许农民将自己一部分产品拿到公开市场上售卖，私人可以经营小商店和小工厂。"新经济政策"成功地应对了数年战争留下的直接危机，恢复了国民经济。"新经济政策"并不意味着社会主义在俄国的结

---

① 圣彼得堡在历史中曾多次改名，"彼得格勒""列宁格勒"都是这座城市的曾用名。1914 年，"一战"爆发后，当局将"圣彼得堡"改名为"彼得格勒"。——编者注

束，而是暂时的退却，"后退一步为的是前进两步。"

列宁没能亲自经历这个"前进"，他于 1924 年 1 月 21 日去世。他死后，苏联（苏维埃社会主义共和国联盟）在约瑟夫·维萨里昂诺维奇·朱加什维利，即约瑟夫·斯大林（1879—1953）的领导下实施"社会主义工业化"和"农业集体化"。他强调："我们比世界先进国家落后 50 年或 100 年，我们必须在 10 年内赶上去。要么我们说到做到，要么我们被敌人击溃。"为了实现这一目标，斯大林推行了"自上而下的革命"。为了建立农业大企业，即"集体农庄"，很多庄园被收归集体所有。谁要是反对集体化，他就会被流放到西伯利亚或者被关进劳改营。这场集体化运动造成了两三百万人丧生。①

与此同时，苏联优先发展重工业政策加快了国家工业化进程。从乌克兰到西伯利亚，整座工业城市拔地而起。工业发展的基础就是"五年计划"，由国家规定生产产品的内容，时间、地点、质量和价格等。为了让计划经济取得成功，工人不得不付出更多的劳动。苏联计划经济初期取得巨大成功，是工人们在相对较差的劳动条件和较为低下的生活水平之下换来的。1928 年至 1940 年间，苏联国内生产总值翻了一番，在世界上仅次于美国。尽管如此，国内对斯大林及其政策的批评声日益增多。为了防止出现反对派，他进行了一次"大清洗"。党内、政府和军队里的反对者成了这次运动的牺牲品，其中包括列宁的一些同道。很多老革命者被秘密警察暗杀，另一些人则被长时间严刑拷打，直到他们在公开审讯中承认有罪。他们或被判处死刑，或被流放到西伯利亚强制劳动改造。俄罗斯作家亚历山大·索尔仁尼琴在他的《古拉格群岛》一书中深刻地描绘了数百个人物的命运。

在人类历史上，曾经有许多皇帝、国王、政治家和统治者，为了达到

---

① "很多农民，特别是富农反对集体农庄，因为他们必须以与几乎一无所有的贫农相同的条件加入农庄。有时候，富农们会烧毁集体农庄的房屋，毒死耕牛，散布谣言吓走其他农民。苏联政府对此进行了报复：将成千上万富农赶出村庄，把他们关进监狱和西伯利亚劳动局。"资料来源于《全球通史：从史前到 21 世纪》第 39 章"五年计划和大萧条"，北京大学出版社，2015 年 5 月，第 44 次印刷。——编者注

自己的目的而肆意践踏生命。但是，作为苏联党的一名领袖，声称要将劳动人民从千百年的奴役状态中解放出来，最后却成为脱离自己人民以致犯了严重错误的领导者，这让过去的很多统治者都"望尘莫及"。

39. 欧洲的新国家

在北欧，几个世纪以来生活在外国统治下的四个民族早在第一次世界大战时就宣布了独立。首先宣布独立的是芬兰人，他们利用俄国国内革命的混乱局势，于1917年7月宣布独立。12月，苏维埃俄国承认了芬兰的独立。

1918年1月，芬兰共产党人要求与苏维埃俄罗斯结盟，但遭到资产阶级势力的坚决抵制。一场血腥的内战开始了，其中资产阶级得到德军的支援，芬兰共产党得到苏军的支援。四个月后，资产阶级取得决定权，芬兰成为议会制共和国。

爱沙尼亚、拉脱维亚和立陶宛这三个波罗的海国家在战争期间被德国人占领。1918年，三个国家分别宣布独立，成立资产阶级共和国。

第一次世界大战后，战胜国计划在东欧和东南欧建立新的民族国家。这很困难，因为那里的民族已经一起生活了几个世纪，有时和平共处，有时战争不断。在这种民族融合的情况下，不可能将新的国家边界划为民族界线。此外，对于战胜国来说，重要的不仅仅是迄今为止由大国主导的这些国家里人民的自决权；同样重要的是要削弱这些大国的势力。在此背景下制定的地域性法规从一开始就存在很大的冲突可能性。

因此，新成立的小国捷克斯洛伐克就像大国奥匈帝国一样，成为一个多民族国家，尽管国名里只提到了两个民族。但生活在这个国家里的德意志人（300万）多于斯洛伐克人（250万）。除此之外，还有合计130万匈牙利人、乌克兰人和波兰人。超过700万捷克人与这些民族比邻而居。让斯洛伐克人高兴的是，他们终于在匈牙利的监护下幸存下来，并防止了这个国家的"捷克化"。而德意志人从一开始就不愿接受这个国家。让捷克斯洛伐克成为"第二个瑞士"，让六个民族和平共处生活在一起，这也只能是一个美好的愿望而已。

新的"塞尔维亚、克罗地亚和斯洛文尼亚王国"名字上已经代表三个民族了，但是它们还不能完全代表生活在这个多民族国家里的所有人。这里还生活着波斯尼亚人、马其顿人、阿尔巴尼亚人、匈牙利人和德国人。1929年，这个国家更名为南斯拉夫，一条无形的线贯穿整个国家，它将东南部的拜占庭－东正教和伊斯兰教的地区与带有西方特征的信奉罗马天主教的斯洛文尼亚和克罗地亚分隔开来。为了刻画民族与民族之间的关系，人们经常讲述以下小故事：

南斯拉夫一个农民家的一头牛死了，有位善良的仙女可怜他，问他有什么愿望。

"那么，你想要什么？"仙女问道。

"我想要邻居家的牛也死。"农夫回答。

在这种精神状态下，不同民族的人共同生活在一个国家里自然是非常困难的。此外，塞尔维亚人几乎占了一半，他们要求有领导权。而特别自信的克罗地亚人并不接受这一要求，因此双方的冲突日益加剧。即使在议会上，议员们不仅用言语互相攻击，还经常操起武器。

列强重新划分欧洲后，波兰这个在18世纪末从原来的政治版图上已经消失的古老国家又诞生了。德国和奥地利还不得不将大片土地割让给波兰。波兰人不接受计划中的东部边界，因为这个边界是以语言为界的。1920年，波兰与仍在经历革命剧变的苏俄之间爆发战争。波兰取得初步胜利后，苏联的反击开始了，但他们的进攻被阻挡在华沙前。国家元首毕苏斯基元帅成功地调动起了波兰人的爱国主义热情并击退了苏俄的进攻。在波兰和整个西方，这一胜利被称为"维斯瓦河上的奇迹"。《里加和约》签订后，波兰的东部边界比原计划向东延伸了250千米，600万乌克兰人和150万白俄罗斯人被划归波兰。加上110万德国人，少数民族占波兰人口的比例为30%左右，因此，波兰也有相当大的潜在冲突。

罗马尼亚曾在"一战"中与同盟国作战，战后获得来自苏俄和奥匈帝国的大片领土，从而使其国土面积几乎翻了一倍。在这个人口稀少的国家里，300万罗马尼亚人、150万匈牙利人和75万德国人混居在一起。然而，罗马尼亚政府否认该国的少数民族有任何政治发言权。

昔日曾称霸一方的哈布斯堡王朝已大幅萎缩。如今奥地利这个小国只剩下650万居民。由于领土损失大、赔款高，奥地利在经济上几乎丧失生存能力。首都维也纳无数的公务员和官员也成为额外的经济负担。二元君主制时期遗留下来的上层阶级现在基本上是多余的。他们的职权和贵族头衔被取消的同时，尊严也被剥夺了，因为在二元君主制时期贵族姓名中都加上了一个"冯"，以显示其尊贵地位。这种落差给大部分人带来了不满和痛苦。

从前占一小半的二元君主国如今只剩下一个残缺的国家——匈牙利，它失去了大约三分之二的领土和人口。

欧洲的政治版图因为这些变化而重新绘制。

40. 法西斯的崛起

"旧的和腐朽的东西已经瓦解，新事物万岁！共和万岁！"德国社会民主党人菲利普·谢德曼于1918年11月9日如此高呼。

和德国一样，一战后大多数欧洲国家都实行了议会民主制。但是，由于战争损失惨重，战后大片土地荒芜，经济状况困难，民不聊生，这些民主国家步履维艰。这为那些善于利用人们恐慌情绪和不满情绪的煽动者提供了土壤。

意大利的贝尼托·墨索里尼（1883—1945）就是这样一位天才煽动家，他想夺取权力。他发展出一种被称作"法西斯主义"的政体，想在社会主义和议会民主制之间寻求另一种可能性。墨索里尼巧妙地利用了人们的不满情绪和年轻的民主制及其缺乏经验的年轻代表的弱点，组建了一支穿制服的行动队"黑衫军"，其职能是维护公共秩序。许多企业家以及市民中的中产阶级都把"Duce"（意大利语，即领袖）视作保护他们的人物，借以防止他们的财产被霸占。在这样一种氛围下，墨索里尼率领4万名黑衫军开始"进军罗马"，企图推翻政府并夺取意大利政权。这时政府才意识到

上图　贝尼托·墨索里尼（打领带者）甚至没有参加著名的"进军罗马"的行动。他乘坐卧铺车从米兰前往罗马，直到抵达目的前不久才加入了行军队伍。

威胁，开始调兵遣将阻止法西斯的颠覆活动。但是怯懦的国王维托里奥·埃马努埃莱三世[1]却迫于墨索里尼的压力做出让步，任命他为内阁总理。

当有人问及法西斯主义的理论基础时，"领袖"的回答是，他不需要任何理论，行动重于哲学。法西斯主义的特征就是，它很少有自己的思想，而只是拒绝他人的思想：它反马克思主义、反共产主义、反民主、反多元化、反议会，反资本主义。全体意大利人民都应该克制个人

---

①　"维托里奥·埃马努埃莱三世，又译维克托·伊曼纽尔三世。在法西斯分子夺取政权后，他成为墨索里尼的傀儡。——编者注

利益，作为集体的一分子与大家和睦共处。为了实现这个目标，就必须从儿童的教育抓起。只有这样，才能在对抗其他民族的战斗中立于不败之地，并让自己的人民、国家成为一股举足轻重的力量。"信仰、服从，战斗！"这就是法西斯的座右铭。利用这一纲领，墨索里尼在数年之内就把意大利变成了一个极权主义国家。

在战后最初几年里，其他的民主国家还能维持局面。但是，这一时期的民主政府受到两方面的压力：一方面是来自右翼的政治势力，企图回到民主以前的时代；另一方面来自左翼，他们则想按照苏联模式建立一种新的社会秩序。

这些势力在一个国家或世界构成的威胁，主要取决于其政治体制能够使人民的生活标准达到什么水平。人民的生活改善得越多，激进的政治观点就越得不到支持。或许有必要在这里对"左"与"右"的概念做些说明。最初它们与法国三级会议里的座次有关，从主席的角度看，意见保守的议员坐在右侧，持自由主义和社会主义观点的议员坐在左侧。

也就是说，左与右是一组相对的概念。而如今，假如某人的政治观点极端，通常会被称作激进派。

言归正传，我们再回到20世纪20年代：能够保持社会秩序稳定的民主国家，其经济得到了不断发展，人们的生活也得到逐步改善，最困难的时期似乎已经过去。在"黄金20年代"，人们的生活焕发出前所未有的生机，至少在大城市里是如此。美国成为欧洲人纷纷效仿的榜样。新的音乐，如爵士乐；新的舞蹈，如查尔斯顿舞；新的通信工具，如电话；新的生产技术，如流水线，所有这一切都令人感动，给人鼓舞。"美国生活方式"成为进步的代名词。

可是，"黄金20年代"却因为纽约股市的"黑色星期五"戛然而止。1929年10月25日，随着戏剧性的股市暴跌，第一次世界经济危机开始了。美国银行要求其欧洲债务人立即偿还贷款及利息。

德国由于战败负债最多，因此受波及最大。国内货币紧缺，工业生产停滞，公司倒闭，失业人数激增，激进派拥护者的人数猛增，他们反

上图　1929 年，黑色星期五。股灾后，一群表情严肃的人聚集在纽约证券交易所外面。

对魏玛共和国——因《魏玛宪法》的诞生地而得名——的议会民主制。尽管如此，由德国社会民主党和其他资产阶级政党组成的联合政府仍然占足够多数，可以在这种形势下采取必要的经济措施。可是，他们却以一种在今天看来难以置信的轻率浪

费了这个数量优势：仅仅因为对于失业保险的资金来源问题没有达成，或者不想达成一致意见，这个最终由议会合法选出的魏玛共和国政府竟然宣布辞职。而国会则无力再组建一个新政府。根据宪法规定，在这种危急时刻，总统就是德国政治最为关键性的人物。自 1925 年起，世界大战时期的老元帅保罗·冯·兴登堡就担任总统，但他不是一个民主主义者，因此完全不能胜任这一角色。在儿子和老战友的唆使下，他做出了给德国命运带来严重后果的决定：走马灯式地任命"总统内阁"。就这样，法令不再由国会决定，而是由"总统内阁"提交"应急法令"，由总统签字生效。民主制中非常重要的权力分立原则就这样被废除。虽然从形式上说这一行为似乎并不违反宪法，但那只是在特殊情况下允许采取的应急方案。自 1930 年起，应急方案已成为常态化机制，魏玛共和国在希特勒"夺取政权"以前就基本上名存实亡了。

虽然阿道夫·希特勒（1889—1945）和他的政党在德国政治中已经扮演了很久的角色，但他的迅速崛

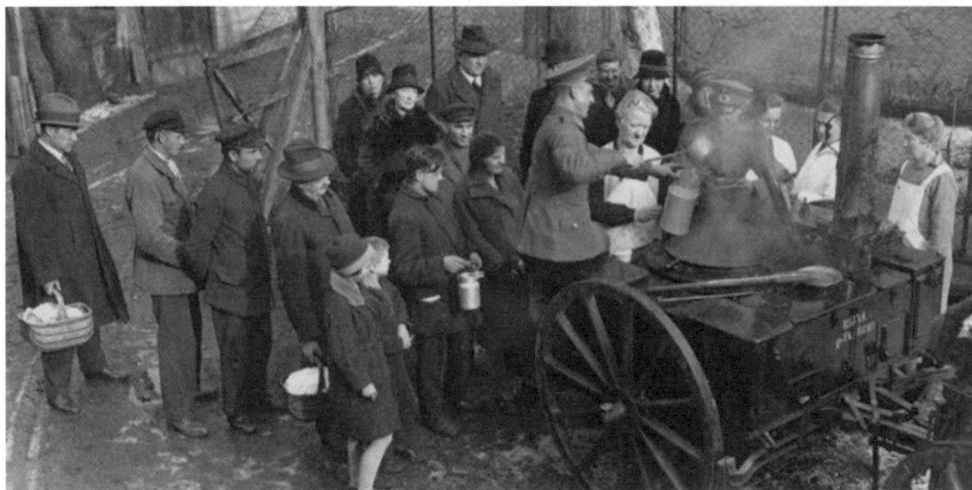

上图　1931 年，德国军队在柏林为穷人提供食物。

起则是从世界经济危机开始的。这主要应归因于他喊出来了简洁的口号，制造了清晰明确的敌人形象，在四处弥漫着不满和不安情绪的时期，这种政策特别受人欢迎。"一切都是犹太人和共产党的罪责！"凡是相信这种口号的人，就会投票给希特勒所在的政党。在 1932 年 7 月 31 日的选举中，纳粹党获得 37.3% 的选票，成为国会中的第一大党。

兴登堡本人对希特勒持很大的保留态度："先生们，难道诸位会以为，我会任命这个奥地利二等兵做总理吗？"他于 1933 年 1 月 27 日对他的顾问们说。但是，那些顾问却劝说兴登堡，不能将国会里最大政党的领袖长期排除在政府之外。而且，保守派政治家和那些支持希特勒的企业界代表认为，他们能够"控制"希特勒，并让他为己所用。老总统的亲信弗朗茨·冯·巴本说："用不了两个月，我们就会把希特勒挤到角落里去，一定会让他疼得吱哇乱叫。"然而，这却成了世界历史上一个后果最为严重的误判。

41. 德国成为 "元首国家"

阿道夫·希特勒是世界历史上最可怕的人物。他的崛起，仔细回顾一下，会让人觉得几乎不可思议。希特勒既没有完成中学学业，也没有从事过一份正式职业。青年时，他靠打零工为生，住在维也纳的男子收容所里。第一次世界大战刚爆发时，25岁的希特勒就志愿参军，并希望做一辈子的军人。在军队里，他有一种归属感，他知道自己该干什么，不该干什么，命令和服从的原则令他敬佩。

德国战败后，希特勒和许多生活无着落并怀有不满情绪的人一样，加入了新成立的众多党派里的一个。由于他很会演说，一个月后就被选为德国工人党主席团委员，任宣传部长。他上任后做的第一件事就是，为这个党更改了一个新名称——"民族社会主义德国工人党"（NSDAP）[①]。它的党徽是万字符。只用了不到一年的时间，希特勒就成为党内最有权势的人。1921 年，他被选为主席，拥有近乎无限的权力。他以意大利法西斯为榜样，组建了一支半军事化的"冲锋队"，队员身着褐色制服列队游行，借此威慑那些敌对者。

墨索里尼"进军罗马"成功之后，希特勒也想效仿他：1923 年 11 月 9 日，他号令"褐衫军"前往慕尼黑，"进军统帅府"。和墨索里尼一样，他也想推翻政府。

希特勒和前统帅鲁登道夫一起率领队伍前行，但是警察阻截了他们，并逮捕了暴动者。在随后举行的法庭审判过程中，鲁登道夫获释，希特勒被判 5 年监禁，不过他只在监

---

① 简称德国纳粹党。——译注

狱里待了 9 个月。在这段时间里，他写了《我的奋斗》一书，在书中，他毫不掩饰自己的观点和目标，其中的大部分观点与意大利法西斯无多大区别。除此之外，希特勒还增添了一种逻辑混乱的种族论，他狂热地信仰这种理论，并基于种族论产生出一种对犹太人的疯狂仇恨。最终他得出一个极端的结论：犹太人是必须被彻底消灭的"劣等种族"。此外，希特勒还要求为德意志"优等种族"在"东方寻找生存空间"。他的最终目标是，建立一个"基于奴隶制和不平等思想上的伟大的新社会秩序"，不仅在德国，而且是在世界范围内实现这一目标。到那时，"雅利安优等种族"将在德意志人的带领下统治全世界。

当时许多人认为，这只不过是一个因为遭受了生活挫折而失落绝望的男人的胡思乱想，不必把它当回事。另一些人则追随他们的"元首"，就像当年哈默尔恩[①]的孩子们追随捉鼠人那样。但是，当希特勒于 1933 年 1 月 30 日当上总理后，他们所有人都几乎无法想象，随后的 12 年里将会发生什么。

夺取政权以后，希特勒的冲锋队和党卫军控制了街头。纳粹的政敌被追捕、殴打或杀害。第一批集中营建起来了，肆意抓捕来的男人和妇女被关押在里面，忍受摧残。希特勒维持和巩固政权的方法之一是，在人群中散布恐惧情绪；另一个方法就是，利用国家机器制造一种假象，让人觉得他们的一切行动都在宪法和法律的框架内。1933 年 2 月 27 日柏林的国会大厦着火，纳粹立即散布谣言说，是共产党蓄意纵火。第二天，一份貌似早已准备好的《保护人民和国家紧急法案》就呈递到了总统办公桌上。由于该法案是反对共产党的，兴登堡的顾问建议他在法案上签字，尽管这将使总统的许多重要的基本权力"大范围失效"。这个紧急法案有效期一直到 1945 年，它让

①　哈默尔恩的孩子源自格林童话《花衣魔笛手》，是一则寓言故事。讲的是哈默尔恩城闹鼠患，一个神奇的捕鼠人用魔笛带走了所有的老鼠，当他回来索要报酬的时候，城里的人拒绝支付报酬。于是，捕鼠人吹起了魔笛，城里所有的孩子不受控制地跟着捕鼠人的笛声，头也不回地走了，最终消失在黑暗里。

——编者注

上图 在被任命为总理后，希特勒出现在总理府的窗户前，并向欢呼的支持者们致意。

纳粹依照法律合法地迫害其所有批评者和反对者成为可能。

在这种氛围下，国会竞选于1933年3月5日举行，活动中特别强调了"竞"的含义。纳粹党在全国范围内散发宣传材料，举行了无数次集会。共产党及其报纸被禁，领导人被拘捕。冲锋队员混进社会民主党和其他资产阶级政党的竞选集会捣乱，让集会无法进行。新闻界也备受压力，大部分报纸都无法发表自由和独立的报道。尽管如此，纳粹党仍然没能获得所期望的多数票。43.9%的得票率使他们不得不联合其他党派才有胜出的可能性。他们找到了德意志国家人民党。两党合起来共得票51.9%。希特勒本来可以利用议会多数执政，但他想要的更多。于是，他提交了一份所谓的《授权法》，有了这个法案，政府可以不经国会同意颁布与宪法相违背的法令。为了使其看上去合法，希特勒需要最后利用一下国会。在1933年3月23日举行的带有决定性意义的会议上，冲锋队进入会场"维持秩序"，目的是给反对党代表施加压力。德国共产党的81个议席事先已被当作不存在了，希特勒也已向资产阶级政党做了许诺，这样，纳粹党就获得了三分之二的选票。只有社会民主党顶住压力，对这个法案一致投了反对票，尽管这也无法阻止该法案的通过。这样一来，国会本身就被排斥在外了，希特勒实际上成了德国的独裁者。他开始利用手中的权力，按照自己的设想改造国家和社会。首先，通过《各州与国家一体化法》，废除了各州的独立性。总统被"地方行政长官"取代，后者的直接上司就是希特勒。之后，工会和德国社会民主党被禁，其领导人被"保护性拘留"，并被关进集中营。资产阶级政党"自愿"解散。1933年7月14日起，依法禁止成立任何新政党。

纳粹党只用了半年的时间，就将德国变成了一个毫无民主可言的一党专政的国家，希特勒大权独揽。1934年8月2日，兴登堡去世，希特勒接管了他的总统职位，从而得到了国防军的最高指挥权。从此以后，他的官方头衔就是"德意志国家和人民的元首"。德国彻底成了一个极权主义元首国家。

42. 希特勒的种族妄想

"元首永远正确。元首的意志就是法律。"这样的以及类似的言辞清楚地表明，希特勒已经大权独揽，就跟过去的专制君主一样。但这还不能让他感到满足，他不仅要掌握一个国家的权力，还要控制人们的思想和感情。为达此目的，他让儿童从小就接受纳粹思想教育。为此成立了"少年队""希特勒青年团""德国少女联盟"，以及类似的组织，把所有孩子按照不同的年龄纳入教育系统。关于纳粹国家教育的目的，希特勒的副手鲁道夫·赫斯是这样说的："我们国家的根基就是，无限忠于元首，甘于为元首献身，不问为什么，只管默默执行他的命令。"

"元首下令，我们服从！"这是"第三帝国"的主导口号。为了防止有人产生非分之想，自由派和左翼记者及作家不允许发表作品，他们的书籍已经于1933年5月10日被当众焚毁；凡不适合所谓"人民的健康情感"的图画和音乐，则被视作"非德意志的和堕落的"。所有不想追随新的"德意志精神"的科学家均被解雇。

尽管如此，一些人从未屈服于纳粹的压力和淫威，他们勇敢地反

下图　奥斯威辛－比克瑙集中营的铁路大门是人类历史上最大罪行的象征。600多万人在这里被谋杀。

抗纳粹政权。有人拒绝行"希特勒举手礼",有人帮助被追捕的同胞,有人从事地下政治活动,有人策划刺杀希特勒。但是,在一个极权国家里,特务和告密者无处不在,任何反抗都有生命危险。成千上万人为自己的刚直不阿和勇气献出了生命。

这一切以及类似的事情在其他独裁国家也会发生。纳粹政权与他们的不同之处在于它的种族论及其造成的后果。根据这个理论,世上存在优等种族和劣等种族,他们为了生存而相互斗争。纳粹认为,自然的基本法则是,人类为了向高级发展,优等种族有权力,甚至有义务消灭劣等种族。根据他们的等级排序,最上等的是北方的雅利安人,最下等的就是犹太人。这种荒唐的伪科学理论自19世纪末就在欧洲流行。在希特勒身上,以及在有较为古老的反犹主义传统的德国,这种理论有其特别肥沃的土壤。对希特勒本人来说,种族论只不过是他屠杀他人的合法借口。关于犹太人,希特勒在《我的奋斗》里写道:

他们是并将永远是寄生虫,是四处传播有害细菌的寄生虫,只要有其合适的土壤,就会四处传播。他们的存在产生的影响也如同寄生虫:凡是他们出现的地方,优等种族或早或迟就会死亡。

从把人看作寄生虫,到产生必须把他们消灭的思想,只需迈出一小步。

纳粹夺取政权后不久,德国就开始煽动反犹情绪和恶意刁难犹太人的行动,犹太人或被隔离,或被驱逐。直至今日,还有人难以相信,在20世纪,在一个文明民族,在康德、莱辛、歌德和席勒诞生的国家里,怎么会发生这样的事!犹太人以及其他反对者被纳粹歧视和迫害,被剥夺生存权,这一切并非秘密进行的,而是在邻居、熟人、朋友、同事、队友和同学面前发生的。只是到了1942年,要实施"犹太人问题最终解决方案"(即有计划地大规模屠杀犹太人)时,他们的行动才开始避开公众视线。为此,纳粹在被德国占领的波兰建起了死亡集中营,欧洲各地的犹太人被押送到那里。建立死亡工厂后,一个宗教团体的约600

万成员被系统性地杀害，世界历史上的任何罪行都无法与之相比。对欧洲犹太人的大屠杀成为每一个德国人沉重的历史负担，无论这个德国人对此是否了解，或究竟了解多少。

43. 全面战争

　　阿道夫·希特勒上任总理后的最初几年里，对外表现得像个热爱和平的政治家。1938 年 11 月 10 日，他在面对德国新闻记者的一次秘密讲话中说："迫于时局的压力，十年来我不得不几乎只谈和平。而现在，必须逐渐调整德国人民的心理状态，让他们慢慢地清楚，有些东西不能用和平的方式获得，而必须采取武力手段。"

希特勒在《我的奋斗》一书中已经表明了他真正想得到的东西：一场针对"布尔什维克俄国"的世界观之战，一场针对"犹太人"的种族之战，一场针对东方"低等种族"的征服之战，目的是"为德意志优等种族赢得生存空间"。他书中的这些言辞并没有被人们当回事。1933 年 2 月 3 日，希特勒当选总理三天后对国防军军官的讲话已经明确显示，他的话是认真的：德国的政治目标是"彻底肃清马克思主义流毒""清除民主的痼疾""建设德国国防军""在东方占领新的生存空间并无情地使其日耳曼化"。

由于时机尚未成熟，希特勒对外表现得相当温和。他只是反复强调，所有德意志人有权在一个共同的德意志帝国内生存。1935 年 1 月 13 日，他走出了第一步棋：通过全民公决使萨尔区重新回归德国。一年后，德国部队进入自 1919 年就已经

非军事化的莱茵兰，这一举动违反了《凡尔赛条约》。但是，英国和法国对此只是采取了消极抗议的态度。1938 年 3 月 14 日纳粹德国"吞并"奥地利本来也应该引起人们的警惕。希特勒断然把自己出生的国家宣布为德意志帝国的一部分，借此对那些欧洲邻国打一场出其不意的心理战，以阻止他们贸然参战。半年后，他要求合并拥有 350 万人口的苏台德地区。"这是我在欧洲提出的最后一个领土要求。"他认为，所有德意志人都应"回到帝国的怀抱"。

欧洲列强对这些掠夺行为均持观望态度，最多提出一些软弱无力的抗议声明，或者试图通过妥协来安抚希特勒。但是这都无济于事，那些安抚性的"绥靖政策"只能鼓励他得寸进尺。

1939 年 8 月 31 日，希特勒下达了进攻波兰的命令：

所有政治机会均已丧失，为了通过和平渠道清除德国东部边界上的一个令人无法容忍的障碍，我决定采用武力解决方案……

进攻日期：1939 年 9 月 1 日。

进攻时间：凌晨 4 点 45 分。

第二次世界大战由此开始。利用对波兰的进攻，德国军队尝试了一种叫作"闪电战"的新战术。在战斗机的掩护下，坦克部队快速地深入敌国腹地，步兵随后跟进，占领被征服的地区。集中所有兵力进攻一个目标，可以速战速决，因为德国的军事装备不适合开辟多个战场，长时间作战。战争所需的物资必须通过掠夺战败国来获取。

这种新战术在进攻丹麦、挪威、比利时、荷兰，甚至法国时都很奏效。仅 5 个星期的时间，德国部队就进驻了巴黎，1940 年 6 月 22 日，法国不得不在投降书上签了字。为此，希特勒特别选了一个具有象征意义的地点——贡比涅森林里的一节火车厢。1918 年 11 月 8 日，就在这同一节车厢里，德国被迫签署了停战协定。希特勒显然是想借此"洗刷凡尔赛的耻辱"。之后，许多德国人都为他欢呼，称他是"有史以来德国最伟大的统帅"。看上去，没有任何东西，也没有任何人能够阻止他胜利前进的步伐。

德国发起对英国的进攻时，首次遭遇了挫折。尽管德国空军已经对英国城市轰炸了几个月，但却仍然不能摧毁英国人反抗的意志。希特勒下令停止攻击英国，转向攻击他真正的目标——意识形态上的主要敌人——苏联。虽然希特勒与斯大林在 1939 年就签订了《苏德互不侵犯条约》，但这并没有妨碍他于 1941 年 6 月 22 日实施"巴巴罗萨行动计划"[①]：远征巨大的苏联。希特勒的"闪电战"似乎仍然效果显著，10 月份，德军已兵临莫斯科城下。可是，这一年的冬天比往年来得早，阻碍了德国人前进的步伐。和当年拿破仑的大军一样，德国国防军也没有为俄国的冬天做好准备，部队的供给变得越来越困难，损失也越来越大。苏联对德军的进攻感到吃惊，并迅速组织反击，因此，德军的"闪电战"没有最终取得成功。尽管德军于 1942

---

① "巴巴罗萨行动计划"是纳粹德国在第二次世界大战中发起入侵苏联的行动代号。这个计划由德国陆军总参谋部第一军需部长弗雷德里克·保卢斯起草，原名为"奥托计划"，后于 1940 年 12 月改为"巴巴罗萨行动计划"。——译注

上图　一座德国城市的废墟。这就是战争结束时德国许多地方的情况。

年夏天再次向前推进，但 30 万大军却在 1942 年 7 月到 1943 年 2 月的斯大林格勒战役中被苏军围困。虽然德军此刻已无胜算，但希特勒不允许投降，最终第六集团军全军覆没。斯大林格勒战役被认为是这次战争的转折点。从这时起，德军开始全线败退，尽管德国国内还有人仍在谈论着"最终胜利"。这期间，这场欧洲战争已发展为世界大战。和德国结盟的国家除了法西斯意大利，还有企图在东南亚获利的日本。1941 年 12 月 7 日，日本偷袭了美国太平洋海军舰队基地珍珠港，从而将美国也拖入战争。[①] 和第一次世界大战时发生的一样，每个人都清楚，美国加入

---

　　① 在亚洲，中国牵制着大部分日本陆军，为世界反法西斯的胜利做出了巨大的贡献。中国战场是世界反法西斯战争的东方主战场。——编者注

战争会造成战争双方力量对比发生根本性变化，德国及其盟友的败局已无可挽回。即便如此，就和当年的统帅兴登堡和鲁登道夫一样，希特勒这位"有史以来最伟大的统帅"宁愿继续牺牲数百万人的生命，也不肯投降，并且他的将军们也支持他这样做。

1943 年 7 月 25 日，维托里奥·埃马努埃莱三世在意大利下令逮捕了墨索里尼，意大利的战线就此改变。在德国，没有人胆敢逮捕希特勒，1944 年 7 月 20 日，施陶芬贝格上校刺杀希特勒的行动没有成功。射击和轰炸仍在继续，此时德国本土也已成了战场，德国许多城市遭到盟军轰炸，苏联红军从东线进入德国，西方盟军则从西线步步逼近。1945 年春，德国已被完全占领。

1945 年 4 月 30 日，阿道夫·希特勒自杀，5 月 8 日，德国宣布无条件投降，欧洲战场就这样结束了。太平洋区域内的战争仍持续了 3 个月，1945 年 8 月 6 日至 9 日，日本广岛和长崎先后遭原子弹轰炸。这种可怕的武器终于迫使日本于 8 月 15 日宣

上图　1945 年日本长崎原子弹爆炸时产生的蘑菇云。

布无条件投降，第二次世界大战就此彻底结束了。战争夺走了 5500 万人的生命，并以可怕的方式显示了人类的能力。美国利用投掷原子弹开启了一个新时代，与此同时，美国也向世界展示了其领导地位。

44. 废墟中重生

两次世界大战后，40 年的流血冲突终于结束了。战后，欧洲国家之间的关系发生了一些变化。英国政治家温斯顿·丘吉尔（1874—1965）于 1946 年 9 月 19 日在苏黎世发表了精彩的演讲：

如果欧洲国家成功地联合起来，那么欧洲 3 亿到 4 亿居民将基于共同的遗产而共享无限的财富、名誉和幸福。然而，要做到这一点，欧洲国家大家庭，或者至少是其中的大部分，必须团结起来，重建家庭并重新建立紧密的联系，以使我们能够在和平、安全和自由的环境下共同发展。让我们努力建设我们的欧洲联合国。朝这个方向迈出的第一步是建立"欧洲参议会"。为了完成这个最紧迫的任务，必须让法国、德国、英国、强大的美国，我真诚地希望，还包括苏联，相互之间能够达成和解。因为，只有这样，所有那些大问题才能得到解决。

丘吉尔因倡导团结和平的欧洲而广受欢迎。但是，现实与愿望却很难一致，因为两个新超级大国美国和苏联很快就不可调和地对立起来。美国声称全世界应采取美国制度，反对共产主义。美国将苏联视为其建立世界霸权的最大障碍。为了对抗苏联，有必要在经济和军事上加强西欧的实力，以使其成为"缓冲区"。相反，苏联政客指责美国想把欧洲拉入资本主义阵营，建立卫星国家。西方式的市场经济和议会民主制与国家控制经济的共产主义一党制，这两种体制之间的斗争开始了。两个超级大国的政策导致世界分裂为两大集团。国家之间并没有因此而发生大规模战争，所以人们很快就将这两个阵营间的对立称为"冷战"。

1947 年 6 月 5 日，美国国务卿乔治·马歇尔宣布了一项重建欧洲经济的计划[①]，所有欧洲国家甚至苏联都对此表示感兴趣。为了能够有效地实施经济援助计划，马歇尔计划提出信息交流的要求。但是，苏联的领导人约瑟夫·斯大林断然拒绝了这个要求。其他东欧国家也因此中断了参与援助计划的谈判。

随后，1947 年 7 月 12 日，马歇尔计划会议在巴黎召开。奥地利、比利时、丹麦、法国、希腊、英国、爱尔兰、冰岛、意大利、卢森堡、荷兰、挪威、葡萄牙、瑞典、瑞士和土耳其参加了会议。有趣的是，当时土耳其已经被列入欧洲国家之列，可是，被打败和被占领的德国不在其中。

美国愿意向欧洲提供 130 亿美元的经济援助，然而，提出的条件是16 个国家必须实现贸易自由化并减少海关壁垒。他们必须加入"欧洲经济合作组织"（OEEC），该组织负责监督，并在必要时实施制裁。谈判异

上图　马歇尔计划的发起者乔治·马歇尔。他在 1947 年 6 月 5 日说："我们的政策不是针对任何国家或意识形态，而是针对饥饿、贫困、绝望和混乱。"

[①]　马歇尔计划，又称为欧洲复兴计划，由美国对被战争破坏的西欧各国进行经济援助、战后重建等。——编者注

常艰难，因为所有国家都发现很难放弃自己的权利或者至少与其他国家协调部分政策。但鉴于经济和政治形势，他们最终于 1948 年 4 月 16 日签订了协议，由此向西欧联盟迈出了第一步。

此时的德国发现自己处于一个特殊的境地：在那个时期，德国甚至都不能作为一个完整的国家存在，它被划分为 4 个占领区。在盟军管制委员会中，美国、英国、法国和苏联统辖整个国家，每个占领国都在自己的占领区做出自己的决定。因为斯大林的势力范围拒绝参加 OEEC，苏联占领区没有得到美国的经济援助。相反，三个西方盟友可以确保他们的占领区能够得到重建资金。这是走向分裂德国乃至分裂欧洲的第一步。第二步也即将发生：1948 年 6 月 21 日，西部三区推行"货币改革"，引入"德国马克"。不到

一年后，西方盟国允许德意志联邦共和国成立。

在苏联占领区，国家重组几乎以同样的速度进行。在占领军的严密控制下，1949 年 10 月 7 日，德意志民主共和国作为"社会主义兄弟国家"成立。德国的分裂终于完成了。

为了抗衡西方经济联盟，斯大林于 1949 年 1 月创建了经济互助委员会[1]。其成员国最初有苏联、保加利亚、波兰、罗马尼亚、捷克斯洛伐克和匈牙利，随后阿尔巴尼亚和新成立的德意志民主共和国也加入进来。这个东方经济联盟的目的是在成员国之间实现一种劳动分工，以提高生产力并且能够与西方抗衡。但是，成员之间的权利并不平等，苏联主导了整个联盟，苏联的利益至上，很快其他成员国就只能依赖于这个"老大哥"了。

---

[1] 经济互助委员会（Council for Mutual Economic Assistance，简称"经互会"），成立于 1949 年。这是一个以苏联为主的社会主义国家组成的协调经济发展的协会，其目的是抗衡马歇尔计划的影响，1991 年随着其会员采用自由经济体制而解体。——译注

45. 欧洲计划

西方引入市场经济，东方实行国家控制的计划经济，这已经明确显示，丘吉尔在苏黎世演讲里倡导的欧洲合众国已经变得遥遥无期了。

丘吉尔在他著名的苏黎世演讲中还说：

我要说一些让您吃惊的话。重建欧洲大家庭的第一步需要法国和德国之间建立伙伴关系。只有这样，才能让法国重新引领欧洲的道德。若没有精神上伟大的法国和精神上伟大的德国，就没有欧洲的复兴。

丘吉尔的这些话不仅使人们感到惊讶，甚至让许多法国人感到愤怒。在战争刚刚结束不久后，听到这种言论简直令人无法相信。即使在将来某个时候还会有一个德国，那么这个德国也不应该与法国处于平等地位。即使不担当领导责任，法国也应该在即将创建的新欧洲里发挥重要作用。另一方面，德国必须一直处于弱小的地位，这样它就再也无法发动战争。

这也是战后最初几年里法国政界的基本观点。如果法国在新欧洲必须接受一个平等的伙伴，那就只能是英国。但是，对于英国来说，从一个世界大国走向一个欧洲伙伴国相对困难一些，英国不想放弃主权优越性。执政的工党说出了英国对"欧洲计划"持消极态度的另一个原因："除了距离之外，在各方面，我们离澳大利亚和新西兰的亲戚比离欧洲人更近。"

当1948年联邦德国逐渐形成时，法国人的担忧变得更加强烈，这种状态有朝一日会使德国强大到足以再次进攻它的邻居。必须不惜一切代价防止这种情况发生，但是怎么做呢？有一个不寻常的人，他有一个不寻常的想法，这个人就是后来被称为"欧洲之父"的让·莫内（1888—1979）。他的家族拥有一家蓬勃发展的干邑白兰地企业，与国际贸易联系密切，所以他很早就环游世界了。但他的活动不仅局限于家族企业，有一段时间他在纽约做银行家，第一次世界大战后，他为国际联盟工作，1932年他组织设计了中国的铁路系统，1938年他在罗马尼亚和波兰担任经济顾问。第二次世界大战后，他成为法国经济现代化规划办公室的负责人。具有国际视野的莫内不仅心怀法国，而且也心怀邻国，尤其是德国。但与许多政客不同的是，他坚信，愿景和优美的演讲不能造就一个新欧洲，必须通过切实可行的小步骤来实现。正是在这样的背景下，莫内产生了一个不寻常的想法：为了永远消除德国再次发动战争的可能性，必须由一个超越国家的机构来控制其作为军备关键产业的煤炭和钢铁的生产。他向法国外交部长罗伯特·舒曼（1886—1963年）提出了这个建议。舒曼根据他的建议制订了一个所谓的"舒曼计划"。他与年轻的德意志联邦共和国

上图　让·莫内肖像。

第一任总理康拉德·阿登纳（1876—1967）讨论了这个计划。阿登纳的目标是尽快让他的国家成为西欧国家里平等的成员。他在舒曼计划中看到一个很好的机会，所以同意了这个计划。于是，1950年5月9日，法国外交部长向国际媒体宣布了他的计划：

法国政府提议，将所有法德煤炭和钢铁生产纳入一个联合最高监

督机构的管辖范围，这个组织向其他欧洲国家开放。

煤炭和钢铁生产的合并将立即生效，以确保为经济发展建立共同基础——欧洲联邦的第一阶段——并确定改造那些长期致力于武器制造的领域，这些领域一度是战争的受害者。

由此形成的联合生产将表明，未来法德之间的任何战争不仅不可想象，并且在物质基础上也绝无可能。

这个宣言被认为是一个爆炸性新闻。甚至有人叫它"舒曼炸弹"，这一天被认为是通往欧洲之路的里程碑，也的确如此。当然，莫奈、舒曼以及阿登纳首先考虑的都是各自国家的利益。

只用了几个星期，舒曼计划的吸引力就显现出来了。1950 年 6 月，法国、德意志联邦共和国、意大利、比利时、荷兰和卢森堡参加了基于舒曼计划的谈判。1951 年 4 月 18 日，他们在巴黎签署了"欧洲煤钢共同体"（ECSC）条约，其主要任务是"扩大经济，增加就业和提高成员国人民的生活水平"。为此，成员国政府放弃各自的部分主权，并将这些主权的行使交给一个独立于成员国的高级机构。

这个高级机构的 9 名成员由政府协商一致提名。但他们的决定不受其政府指令的约束。由于各成员国都有各自的利益和想法，为此设立了一个"共同体议会"，该议会由国家议会议员组成。他们监督高级机构的工作，并能够以三分之二的多数票通过弹劾案，解散高级机构。此外，还有一个"部长理事会"，各国政府派一名部长参加。这个理事会的职责是确保高级机构的政策与六国的经济政策尽可能协调一致。最后，还设立了一个"法院"，由 7 名法官组成，法官的任命须经六国一致同意。

六国签署这个条约的动机或许各不相同，但其结果却具有历史意义。之前还互相敌对的各方在战争结束几年后就建立了这样一个共同体，这在世界历史上是前所未有的。

上图　批准建立欧洲煤钢共同体条约的荷兰法律。

46. 欧洲应该如何自卫？

1950 年朝鲜战争爆发。这场战争看似与欧洲无关，但是，它却给西方政治家敲响了警钟。因为他们认为，"共产主义"对自由世界有威胁，担心联邦德国会成为下一个目标。为了威慑苏联，美国加强部署其在欧洲的军事，并要求联邦德国为西欧防御计划做出"有效的军事贡献"。

一支新的德国军队！只是一个想法就足以让很多邻国人民惶惶不安，特别是法国人民。但是邻国政府希望联邦德国能够共同防御，分担来自东方的压力。所以，必须找到一个两全之策，一方面不让德国拥有军队，另一方面又要让德国为防御计划做出贡献。让·莫内提出了一项计划，法国总理勒内·普利文于 1950 年 10 月 24 日向公众介绍了这个计划。该计划设想了一个"欧洲防务共同体"（EDC），其中成员国的武装部队应该统一在最高统帅之下。或者可以这么说，德国军队应处于欧洲的控制之下。花了大约一年半的时间，经过无数次谈判，这个计划才完成并最终签署了协议。但法国国民议会多数都拒绝德国重新拥有武装。此外，法国也不愿意将自己的军队置于外国人的统率之下。法国正在发展自己的核力量，自己国家的核武器不应该被"欧洲化"。因此，"欧洲防务共同体"最终夭折了。

那么接下来怎么办？

西方政客称法国的决定是一场灾难，会给欧洲带来不可预见的后果。

所以欧洲没有太长的时间用来舔伤口，必须尽快找到"欧洲防务共同体"的替代解决方案。既然北约[1]自 1949 年以来在美国领导下建立了一个西方防御联盟，那么如今将所有西方军事力量都统合到一起也是有道理的。

1954 年 9 月和 10 月，九强会议（美国、加拿大、英国、法国、比利时、荷兰、卢森堡、联邦德国和意大利）在伦敦召开。双方同意废除占领法，承认联邦德国作为拥有平等权利的成员加入北约。这样，联邦德国就允许并且现在也应该建立自己的军队。这正是法国国民议会想要阻止发生的。法国对此仍有许多批评和反对的声音。然而，负责任的政治家不想冒险让西方联盟再次分裂。于是，"二战"结束 10 年后，德意志联邦共和国作为主权国家加入了北约。

斯大林在 1952 年 3 月向三个西方列强提议，将两个德意志国家合并为一个中立国家，并将其置于盟军的控制之下。西方列强拒绝了这一提议。

就在德意志联邦共和国加入西方防务联盟 9 天后，苏联于 1955 年 5 月 14 日作出反应，它也建立了自己的军事同盟，即所谓的华沙条约组织，成员国包括苏联、阿尔巴尼亚、保加利亚、波兰、罗马尼亚、捷克斯洛伐克和匈牙利。在接下来的几个月里，德意志民主共和国于 1956 年加入该公约并提供了第一批"全国人民军"。

这两个阵营比以往任何时候都更加不可调和地对立起来。双方开始进行大规模军备竞赛，很快两个超级大国已经拥有可以毁灭地球好几次的核武器。这就是为什么人们称之为"恐怖平衡"，这种平衡使美国和苏联都无法对彼此采取军事行动。

于是，一条贯穿欧洲的政治边界就形成了，温斯顿·丘吉尔称之为"铁幕"。为防止本国公民逃往西方，民主德国政府下令于 1961 年 8 月建起了柏林墙，它成为"铁幕"的象征。没有什么比这堵墙更清楚地显示了欧洲的深刻分裂。

---

[1]　北大西洋公约组织，简称北约，是第二次世界大战后，美国为了遏制苏联，维护其在欧洲的主导地位建立的。成立之初，其成员国主要是西欧一些国家。90 年代后，随着华沙条约的解体和冷战的结束，北约通过东扩和推行"和平伙伴关系计划"逐渐扩大其在欧洲的影响力。——编者注

上图　照片显示的是德意志民主共和国加固柏林墙，柏林墙被称为"法西斯防护墙"。

47. 欧洲经济共同体

　　"欧洲防务共同体"的失败意味着"欧洲计划"严重受挫。但是所有信念坚定的欧洲人都深信，没有什么能够阻止他们前进的道路。让·莫内继续成为其推动力。在与法国政府发生分歧后，他辞去了欧洲煤钢共同体主席的职务，并成立了"欧洲合众国行动委员会"。在其中，他召集来自欧洲政党和工会的高级官员，与他们一起制订新计划并起草新方案。他们建议，其他经济领域也像煤炭和钢铁生产一样欧洲化。同样的，莫内认为，和平利用核能源是一个很好的机会，以低成本方式满足欧洲日益增长的能源需求，从而可以减少对石油进口的依赖。

莫内四处寻找一位愿意推动这一计划的受人尊敬的政治家，他发现，比利时外交部长保罗·亨利·斯巴克（1899—1972）是个合适人选。可以说，斯巴克扮演了舒曼在欧洲煤钢共同体筹备阶段所扮演的角色。1955年4月2日，斯巴克给他在欧洲煤钢共同体的5位同事写了一封信。信中他建议召开一次会议，让"欧洲计划"再次启动，并提到了莫内制订的新计划。对此，巴黎和波恩的反应相当谨慎。受国家宠爱的法国经济担心难以在欧洲市场竞争中存活；德国经济部长路德维希·艾哈德希望经济尽可能自由地发展，他担心欧洲当局可能会过度参与并使经济官僚化。六国对核能源共同体的设想也存在意见分歧。

虽然有或多或少的顾虑，但两个月后，六国政府的代表还是都出

上图　比利时社会主义者保罗·亨利·斯巴克，他曾多次当选重要职位，为"欧洲项目"的成功做出了重大贡献。

席了在墨西拿的会议。出乎所有人的意料，会议进行得比预期要顺利，与会者在许多重要问题上达成了共识。"开启欧洲建设新阶段"的时机已到。六国政府代表宣称："我们认为有必要，通过发展共同制度、逐步合并国民经济、建立共同市场并逐步协调社会政策来继续建立统一的欧洲。"

现在，发布这样悦耳动听的宣言是一回事，而将它们付诸实践并

签署切实可行和能够相互接受的协议则是另一回事。这是保罗·亨利·斯巴克主持的专家委员会的任务。这个委员会成功做到了这一点，这无疑是欧洲历史上的另一个里程碑，有人甚至称其为奇迹。

1957 年 3 月 25 日，建立"欧洲经济共同体"（EEC）和"欧洲原子能共同体"（EURATOM）的条约签字仪式在罗马隆重举行。不过后者并没有完全满足莫内和斯巴克的期望。欧洲经济共同体条约为欧洲之家的建立奠定了稳定的基础。条约的核心是关税同盟，以使成员国内部有尽可能自由的货物、资本和劳动力流动，对外则拥有共同的海关。这个阶段应该在 12~15 年的过渡期内逐步完成。这个共同的市场也应该包括农业和农产品贸易。为避免或弥补区位劣势，六国经济政策应相互协调并制定共同的竞争规则。

欧洲经济共同体的机构与欧洲煤钢共同体非常相似，不过它们又有一个本质区别：前者被称为委员会的最高权力机构必须将权限移交给具有最终决定权的部长理事会。委员会作为一种欧洲政府应该代表共

下图 《罗马条约》于 1957 年 3 月 25 日签署；左数第五位是德国总理康拉德·阿登纳。

同体的利益，部长理事会则代表各成员国的利益。为了实现欧共体条约的目标，各成员国必须携手同行。

新共同体显现成就的速度甚至比最大胆的乐观主义者所预期的还要快。从 1958 年到 1962 年，欧共体国民生产总值增加了 21.5%（同期英国为 11%，美国为 18%），工业生产增长 37%（同期英国为 14%，美国为 28%）。拥有 1.7 亿人口的欧共体成为世界贸易的重要伙伴。

让·莫内的方法再次被证明是正确的：欧洲合众国不可能如理想主义者所梦想的那样一蹴而就，它必须逐步实现。每一步成功，都会开辟新的视角，"欧洲"这个概念在议会、当局、公司和欧洲人民的意识中有了更积极的含义。这个概念会被更多的欧洲人接受，会对越来越多的社会阶层和越来越多的政治领域产生影响。

莫内没有说，未来的欧洲共同体会有多大，哪些国家会加入它，它们之间的联系会有多紧密。在他看来，重要的是过程，而不是目标。欧洲逐步一体化的过程必须持续进行。在这个过程中，欧共体的成功启动是至关重要的。

48. 祖国的欧洲还是欧洲的祖国？

欧洲经济共同体的创始成员一再试图说服英国加入欧洲的共同事业，但伦敦也像拒绝参加欧洲煤钢共同体那样对此持否定态度。虽然温斯顿·丘吉尔是战后第一个倡导欧洲合众国的政治家，但是英国仍然与欧洲保持着很远的距离。对于英国而言，与它帝国时期的附属国保持关系是首位的，其次就是保持与美国的所谓的特殊关系，最后才会考虑与欧洲的关系。但在 20 世纪 50 年代后半期，大英帝国已经解体，与美国的关系也变得脆弱。因此，亲近欧洲对英国政府来说，似乎是可取的。然而，加入欧共体对英国来说，不是最好的选择，因为英国不想将国家权力的一部分移交给一个超国家机构。英国政府提议，建立一个大型自由贸易区，使所有欧洲经济合作组织成员国的贸易关系自由化。但是，这个提议没有赢得欧洲经济共同体国家的支持，因为那将是欧洲一体化进程中的倒退。结果是，英国、丹麦、挪威、奥地利、瑞典和瑞士共同建立了"欧洲自由贸易联盟"（EFTA）。

于是，自 1960 年起，西欧出现了两个相互竞争的经济联盟，虽然在日常贸易中两者之间的竞争并不明显。欧洲自由贸易协会成员国与欧洲经济共同体成员国之间的贸易往来比在它们自己联盟内更为活跃。但人们很快就发现，欧洲经济共同体代表了更成功和更有前途的模式。尽管如此，整合过程还是进行得不那么顺利。特别是法国总统夏尔·戴高乐（1890—1970）的观点成了一种阻力。在他的世界观里，未来很长

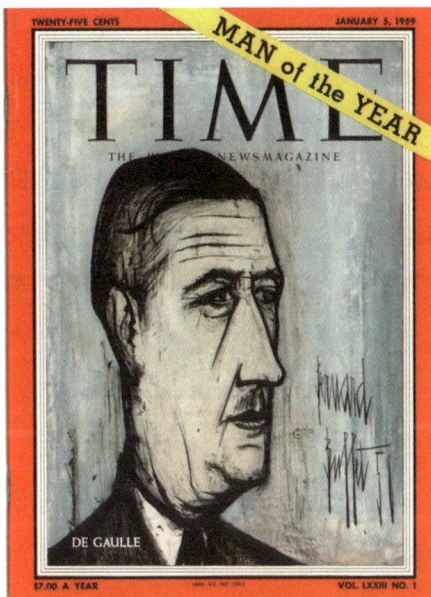

上图　时代杂志，第 73 卷第 1 期。封面是戴高乐的插图。

时间内，民族国家仍然是国际政治舞台上的主角。因此，他认为自己的首要职责是巩固和扩大法国的地位，以便使法国能够平等地与超级大国打交道。只要与西欧国家的关系对这一目标没有损害甚至有利，戴高乐仍然愿意是欧洲人。但他对欧洲的想法很少与莫内以及其他"创始人"一致。他不赞成欧洲合众国的议会和委员会拥有广泛权力。他只会考虑"祖国的欧洲"，他认为这是一个国家联盟，其成员应尽可能密切合作，同时仍保持各自的主权。

较小的欧洲经济共同体国家不赞成戴高乐的政策，它们想进一步推动欧洲一体化。因此，当英国在1961年首次申请加入欧洲经济共同体时，它们对此表示欢迎。但法国总统否决了它，对法国总统来说，英国是美国人的"特洛伊木马"，他声称，英国人加入欧共体，目的只是想要从内部破坏它。

美国新任总统约翰·肯尼迪于1962年7月提出了类似的"宏伟计划"。他在其中提出，美利坚合众国以及未来的欧洲合众国——包括大不列颠——应建立"大西洋伙伴关系"。其成员应在政治、经济、社会和文化等所有方面完全平等——只有一个例外——核武器。肯尼迪曾反问，如果美国可以保护所有的合作伙伴，为什么欧洲人还要再去为了开发核武器而浪费钱呢？

可以说，戴高乐当即撕毁了这个"宏伟计划"。他再次反对英国加入欧洲经济共同体，因为条件尚未成熟。

然后他明确表示，"法国将生产自己的核武器，在这件事上，北约和美国说了不算。我再次重申：法国需要拥有自己的国防力量"。

上图　年轻的美国总统约翰·肯尼迪（1917—1963）在1962年7月的一次演讲中解释了他的"宏伟计划"。

戴高乐抵制所有让法国与欧洲共同体或大西洋共同体紧密捆绑在一起的尝试，与联邦德国进一步加强合作。阿登纳对此有些犹豫，他不想因此给其他欧洲国家和美国带来负担。但最终他同意了，因为法德和解对他来说非常重要。1963年1月22日，《法德友好条约》签署。两国将就所有重要的外交、国防和经济政策问题进行磋商，在文化事务和青年交流方面的合作也将更加密切。

其他四个欧洲经济共同体国家对这个"特殊联盟"提出了强烈批评。他们对阿登纳感到失望，认为阿登纳是"让戴高乐牵着鼻子走"，并将

"巴黎－波恩轴心"视为对欧洲一体化进程的威胁。这次政治分歧最终通过各种外交技巧在一定程度上得以消弭。尽管如此，欧洲重建在20世纪60年代仍然步履蹒跚。

1967年，英国提交的第二次入会申请，又被戴高乐否决了。他的继任者乔治·蓬皮杜上任后，法国人的态度才慢慢发生改变。1969年12月，在海牙举行的首脑会议上，欧共体6个成员国决定与候选国英国、爱尔兰、丹麦和挪威政府代表进行谈判。这些国家的公民首先必须认识到加入欧共体的必要性。这个说服工作挪威政府并没有成功，那里的大多数人投了反对票。于是欧共体成员国在1973年不是增加了4个，而是增加了3个。

尽管挪威出人意料地拒绝了，但欧洲的政治家们认为，欧共体应该接纳更多国家。1981年，时机已到，希腊成为成员国；1986年，西班牙和葡萄牙也加入进来。就这样，欧共体成员国的数量自成立以来已经翻了一番，而随着成员数的增加，问题也随之增加。南欧人期待欧共体能够向他们提供更多资金，使他们相对不发达的经济具有更大的竞争力。

农业援助政策常常成为冲突的根源。因为只有达成共识后才能做出共同的决策，而这往往由于个别成员——尤其是英国及其保守的首相玛格丽特·撒切尔——的意见分歧而受阻，从而造成欧共体的工作暂时瘫痪。这也导致欧洲无法用一种声音对外界说话。美国政府说，他们想与欧洲对话但不知道拨哪个号码。不过，这种傲慢的评论也恰如其分地反映了欧洲政治的状况，每个成员国都清楚，有些事情必须改变。

上图 玛格丽特·撒切尔于1979年至1990年担任英国首相。她被称为"铁娘子"，曾多次强迫欧洲经济共同体政府首脑同意英国的特殊要求。

49. 走向欧洲合众国

即使在艰难的岁月里，信念坚定的欧洲人仍然在构想欧洲的未来。直到 1992 年，一个在人员、服务、货物和资本方面完全自由流动的统一的欧洲内部市场已然形成。为了尽可能让这个庞大的经济区顺利地运作，统一的货币是必要的。在这个经济和货币联盟的规划期间，世界政局也发生了根本性变化。

1985 年 3 月，年轻的米哈伊尔·戈尔巴乔夫在莫斯科上台执政。他坚信，共产主义国家若想还有未来，就必须实施改革。在美国总统罗纳德·里根的压力下，他的前任又开始了新一轮的军备竞赛，这耗费了国家巨额的资金，将苏联拖入艰难的经济困境。因此，为了结束这种狂热的军备竞赛，戈尔巴乔夫刚上任就与里根接触。他想把有限的资金用于苏联的改革。"改革""创新""革新""公开""透明"，这些成为那时

的流行概念。但戈尔巴乔夫却走入一种两难处境，他想通过"自上而下的革命"使国家现代化和自由化，却不想放弃共产党的领导地位和国家对经济的控制。不久，批评的声音越来越多，要求继续深入改革的呼声也越来越大。随后发生的苏联解体则出乎人们的预料。

在波兰，格但斯克造船厂的工人在天主教会的支持下于 1980 年成立了独立的团结工会。他们想把基督教和社会主义思想结合起来，目的是建设一个更人性化的社会。尽管"团结工会"被政府禁止，但它转入地下继续活动。1989 年春天，这个运动势力非常强大，以至于政府不得不举行"圆桌会议"会见其代表。会谈的结果是，夏季举行自由选举。共产主义国家里第一个多党制政府由此诞生。"团结工会"的成员泰狄士·马佐维耶茨基成为总理。波兰的

榜样给了此前一直被压制的匈牙利和捷克斯洛伐克反对派团体以鼓舞，他们也提出改革的要求。

东欧各国的共产党政权不得不逐渐让位于西方式自由选举产生出的政府。民主德国的执政者坚决反对任何改革。党和国家领导人埃里希·昂纳克1989年下台前夕声称："社会主义前进的步伐是任何牛和驴都无法阻挡的！"他不想看到周围的社会主义阵营就此瓦解。但事物的发展却是昂纳克所无法预料的。1989年秋，声势浩大的游行队伍走上民主德国各个城市的街头，人们要求自由和民主。昂纳克被解除了职务，1989年11月9日，新任领导遵从了人民的选择：打开通往西柏林的边界通道。为此，民主德国和联邦德国的人民举行了盛大的庆祝活动。1990

下图　1989 年 11 月 9 日民主德国边境开放后，人们在柏林墙上庆祝。

年 10 月 3 日，两个德国重新统一到了一起。

发生的这一切都离不开米哈伊尔·戈尔巴乔夫骤然实施的政治改革政策。1991 年 8 月 19 日，几位苏联领导人发动政变，试图阻止苏联分裂，很快失败。叶利钦成为新的强权人物，他解散了苏共中央，并宣布成立俄罗斯苏维埃联邦社会主义共和国。随后，其他加盟共和国也以俄罗斯为榜样纷纷成立，如此一来，"苏维埃社会主义共和国联盟"实际上也就解体了。

戈尔巴乔夫曾经试图阻止苏联的解体，但徒劳无功，最终不得不辞去总统职务。1991 年 12 月 31 日，苏联正式停止其存在，取而代之的是走上世界政治舞台的俄罗斯联邦。

民主德国并入联邦德国后，"德国问题"再次出现。"现在属于一起的东西正在一起成长"，前联邦总理威利·勃兰特在柏林墙倒塌后说的这句话表达了德国东西部许多人的心声。但是，德国的邻居对于一个正在成长和强大起来的德国并不感到高兴。法国和英国尤其担心欧洲的力量平衡会因此而改变，会向不利于他们的趋势发展。德国总理赫尔穆特·科尔试图消除合作伙伴的担忧。他解释说，不会再有那个偶尔如幽灵般在某些国家媒体上出现的"第四帝国"。德国的统一不会阻碍欧洲一体化的进程，只会促进。为了给邻国和世界传递一个信号，让人们不必害怕一个变大的德国，科尔大力推进"欧洲化"进程。他与法国总统弗朗索瓦·密特朗一道成为这一进程的推动者。

1991 年 12 月，12 个国家和政府首脑在马斯特里赫特[①]通过决议，把欧洲共同体改组为欧洲联盟。以前主要以经济为主的共同体逐步发展为一个政治联盟，欧洲内部市场将成为拥有一个欧洲中央银行和一种统一货币的经济和货币联盟。之后，人们还想继续引入一种共同的外交和国家安全政策，目的是将来某一天建立一支欧洲军队。为了使国家间

① 马斯特里赫特，荷兰东南部城市，位于马斯河畔，靠近比利时边境。1991 年 12 月 9 日到 10 日，第 46 届欧共体首脑会议在这里举行，通过并草签了《欧洲经济与货币联盟条约》和《政治联盟条约》，统称《欧洲联盟条约》，即《马斯特里赫特条约》。——译注

的对内政策和法制政策有更紧密的联系，也要制定相应的规则。由于这些规则意味着成员国需要让渡部分主权和独立，所以这些国家内部都为此展开了激烈的讨论。丹麦人甚至在一次全民公决中以微弱多数否决了这个条约，这意味着该计划失败。经过多次谈判和妥协后，在第二次全民公决中，丹麦人才以56.8%的赞成票通过了决议。1993年11月1日，《马斯特里赫特条约》正式生效。

各成员对条约的基本原则达成了广泛的一致意见：联盟进程的最终目标是形成一个欧洲合众国。至于通过何种途径以及何时达成这个目标，意见并不统一。欧洲议会和欧盟委员会充当着一种欧洲政府的角色，对于是否让其拥有较大范围的权限，各国政府和议会仍持不同的意见。尽管需要和其他成员国协调，他们还是更愿意自己决定自己的方针政策。

1995年1月1日，芬兰、奥地利和瑞典这三个国家也加入了欧盟。1999年1月1日，欧盟的15个成员国中的11个国家开始采用新的货币——欧元，起初只是作为计算单位。不过，这种货币真正拿到手上是三年以后的事情了。虽然2002年1月1日开始的货币转换进展得非常顺利，许多欧洲人还是很怀念以前的硬币和纸钞。民主德国的人民有这样的情绪也是特别容易理解的，因为他们12年内又不得不第二次换货币，需要重新适应一种新货币；联邦德国则想念他们以前那坚挺的德国马克，没过多久就开始大声抱怨这种"昂贵的欧元"。

除了共同的货币之外，还应该有一部宪法作为"欧洲之家"的基础，为此成立了一个宪法起草委员会。但很快人们就发现，说起来容易做起来难。2003年12月举行的首次宪法草案政府会议以失败结束，因为在许多重大问题上，大国、小国、穷国、富国、核心欧洲成员和新成员之间存在的分歧太大，所以大会不得不修改草案。

2004年5月1日，欧盟又将波兰、捷克、匈牙利、斯洛伐克、斯洛文尼亚、立陶宛、拉脱维亚、爱沙尼亚、马耳他以及塞浦路斯的希腊部分接纳为会员国。柏林墙倒塌15年后，这个所谓的东扩运动终于结束了 1945 年由同盟国决定的欧洲分裂。2007 年 1 月 1 日,罗马尼亚和保加利亚也加入进来。

就这样,欧盟涵括了一个生活着 4.8 亿人的庞大经济圈,其人口数量远远超过美国的 2.8 亿。而且克罗地亚、土耳其和马其顿这些候选国家正在准备加入。哪些国家,什么时候能够加入,这取决于其经济和政治状况。欧盟的目标是,把民主和市场经济向欧洲东部和东南部扩展,而且还要促进这一地区的政治稳定。

2004 年 6 月,欧洲公民被允许参加欧洲议会选举。不过只有 43% 有选举权的选民参加了投票,而且 10 个新成员国参加投票的人数明显低于老成员国。引人注意的是,大多数国家的执政党都受到了惩罚,而那些对欧盟持批评意见的政党却令人吃惊地获得了许多选票。

选举结束几天后,25 个国家和政府首脑一起开会,讨论由宪法起草成员提交的宪法草案。经过长久的讨论之后,代表们终于达成一致意见。第一次为欧盟内的所有人规定了共同的基本权利。欧洲议会应该获得更多权限。欧盟委员会主席和委员仍然由各国政府委任。

引起激烈争论的是表决程序,因为大国有更大的影响力,但是那些小国不仅想参与讨论,也想参与决策。"双重多数制"的妥协表达形式听上去也相当复杂:要做出一项决议,必须经 55% 以上的成员国且至少 15 个国家的同意。除此之外,他们还必须至少代表欧盟人口的 65%。若想否决一项决议,必须至少有 4 个国家提出。

新设立一个欧盟外交部长职位,负责制定和实施欧洲的外交与安全政策。欧盟外交部长同时还是欧盟委员会副主席,因而是欧盟的二号人物。

这个宪法草案提交给了成员国议会做表决,只有当所有代表都同意后,草案才能生效。但是事情并没有那么顺利,因为法国和荷兰在 2005 年 5 月的全民公决中否决了欧盟宪法。之所以如此,是他们担心会因此形成一个强大的欧洲官僚机构,也担心太多的欧洲成员国会组成一个集合体,这个新的集合体会对欧洲人旧有的身份认同构成威胁。

从法律的角度来看，宪法项目由于两个欧盟成员国的否决实际上已经失败。为了不让这个宪法项目流产，欧盟国家元首和政府首脑于2005年6月17日又在布鲁塞尔举行会议。他们达成共识，要继续为制定一部共同宪法而努力，但首先要"暂停一下"。在此期间，专家们应该寻找让宪法生效的各种可能性。一年后，第二次高级会议在布鲁塞尔举行。然而，专家们的建议仍未说服国家元首和政府首脑。他们决定制定一个新的"拯救宪法的路线图"：最迟在2008年年底要澄清所有问题，并解决所有法律问题。之后，宪法将于2009年生效。为了让国民不再阻挠政客们的计划，他们将于2007年3月组织《罗马条约》签署50周年庆祝活动，用于为欧洲做"情感宣传"，如欧盟委员会主席巴罗佐所说。这是否足以消除许多公民心中的顾虑，还有待观察。无论如何，政治家们必须尽一切努力，以确保欧洲之家最终能够获得一个可行的宪法基础。

欧盟成员国

比

利

时

　　比利时是三个比荷卢经济联盟国家、欧洲煤钢共同体以及欧洲经济共同体的创始成员。它有大约 1000 万居民，其中 57% 是弗拉芒人，32% 是瓦隆人。弗拉芒大区以讲荷兰语为主，瓦隆大区以讲法语为主，这两个区在比利时不到 200 年的历史中总是冲突不断。

　　为了化解矛盾，弗拉芒、瓦隆和德语小群体作为"语言社区"于 1970 年最先在文化领域拥有更多权利。在那之后，这个单一国家逐渐转变为联邦国家，佛兰德大区和瓦隆大区（德语区被划分给瓦隆）拥有各自的议会和政府。1989 年，通行双语的首都布鲁塞尔获得第三大区的地位。随着 1994 年的宪法改革，这三个大区的地位得到进一步加强。从那时起，联邦政府和大区政府之间就建立起了精心设计的权力平衡系统。联邦政府只对税收、外交和国家安全政策负责，其他事项则共同决定。

　　比利时是议会君主制国家，首都布鲁塞尔也是"欧洲的秘密首都"。欧盟委员会庞大的行政机构即坐落于此。

　　比利时人主要是天主教徒，几乎所有人都住在城市。比利时是欧洲人口最稠密的国家之一，拥有优良的基础设施。该国人均国内生产总值（GDP/ 居民）[①] 约为 2.6 万美元，位居欧盟前列。

---

　　① 国内生产总值表示一年内生产的所有商品和服务的价值。它是衡量一个国家经济表现的指标。人均国内生产总值主要以美元计算。——原注

保
加
利
亚

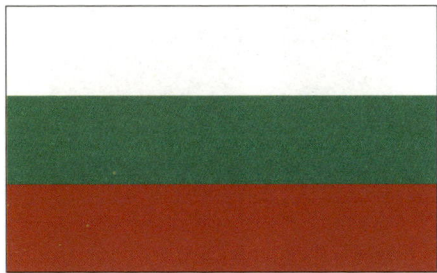

自 2007 年 1 月 1 日起，保加利亚加入欧盟，与罗马尼亚一起成为最年轻的欧盟成员国。在加入欧盟前，有诸多批评的声音，怀疑这两国加入欧盟的条件尚未成熟。欧盟委员会仍然认为，保加利亚在打击有组织犯罪和腐败方面存在缺陷，并要求它实施全面的司法改革。尽管改革取得了一些进展，但并没有满足所有条件，不过欧盟成员国最终还是投票赞成它加入欧盟。

保加利亚是中世纪巴尔干半岛的强国，自 14 世纪以来长期受到土耳其统治的影响，今天仍然可以在许多建筑物和城市的某些地方看到这一点。直到 1908 年，保加利亚才获得完全独立，并成为君主立宪制国家。第二次世界大战后，该国加入社会主义阵营。1989 年秋天，发生东欧剧变时，保加利亚却异常平静。甚至在苏联解体后，保加利亚向自由民主国家过渡也仍然步履维艰。共产党仍在为维护国家的稳定而斗争，国有化经济的改革比其他任何地方都花费了更长的时间。社会主义新政府继续扶持亏损的国有企业，这导致 1996 年的经济崩溃。之后才进行全面改革，经济逐渐复苏。尽管如此，保加利亚是最贫穷的国家之一，其人均GDP 为 2700 美元，目前在欧盟排名垫底。

今天，保加利亚是一个运转良好的议会民主制国家，首都位于索菲亚。该国 780 万居民中大约 85% 是东正教徒，13% 是穆斯林。

欧盟成员国

丹

麦

　　与战后欧洲一体化的推动力量比荷卢国家相比，斯堪的纳维亚国家长期以来对此反应迟缓。他们创造了现代福利国家，并为"斯堪的纳维亚模式"感到自豪。丹麦于 1973 年成为第一个加入欧共体的国家。丹麦人与欧盟难以相处，这一点在 1979 年的第一次欧洲议会直接选举中表现得非常明显：参选比例 47%，是所有欧共体国家中最低的，仅次于英国。丹麦人只有在被允许继续使用丹麦克朗作为货币后，才同意签署《马斯特里赫特条约》。丹麦还反对其边境向欧盟成员国开放，直到今天丹麦边境仍然在这方面有所控制。

　　丹麦是议会君主制国家，首都位于哥本哈根。在 530 万居民中，超过 80% 居住在城市，其中约四分之一的居民在大哥本哈根地区，90% 的丹麦人是新教徒。人均 GDP 为 3.95 万美元，在欧盟仅次于卢森堡，位居第二。

　　丹麦包括法罗群岛的自治省和格陵兰，在议会中各有两名议员代表。

　　"二战"后有两个德国：柏林墙以西是德意志联邦共和国，以东是德意志民主共和国。联邦德国属于西方阵营，民主德国属于社会主义阵营。两个国家的政治、经济和社会生活相应地发展不同。两德统一后，政治分歧消失，《基本法》在整个德国有效，实行由联邦政府组织的议会民主制。

　　自重新统一以来，尽管已有超过一万亿欧元流入新联邦州，用于"东部重建"，但是德国西部和东部之间的经济差异并不是那么容易消除的。这笔巨款改善了人们的生活，但还不足以将民主德国变成联邦总理赫尔穆特·科尔在统一之前所说的"鲜花盛开的风景"。东部的失业率仍然是西部的两倍多，其主要结果是，在所谓的新联邦州选举中，激进政党获得的票数明显多于老联邦州。

　　尽管存在一些问题，但德国人均 GDP 大约 3 万美元，位居欧盟集团前列。德国拥有超过 8200 万人口，是欧洲人口最多、经济最强的国家。居民中天主教徒和新教徒各占三分之一。

　　1990 年 10 月 3 日，两德统一后柏林被宣布为德国新首都。经过激烈的公开辩论，10 个月后，联邦议院决定将柏林作为议会和政府的所在地。

德

国

今日欧洲国家简况

欧盟成员国

爱
沙
尼
亚

自 2004 年 5 月 1 日所谓的东扩以来，波罗的海国家爱沙尼亚、拉脱维亚和立陶宛成为欧盟成员国。

在过去数百年里，爱沙尼亚主要是受外国人统治，直到 1990 年成为社会主义阵营一员。1991 年 8 月，该国第一个自由选举的议会宣布独立。快速和深远的改革为一个拥有自由市场体系的民主国家奠定了基础，政治上它以德国为导向。

这种转变发生得异常迅速，并带来了稳定的经济增长。将利润用于再投资的公司不必纳税，这吸引了更多的投资者，从而确保了 5% 到 6% 的增长率。尽管取得了这些成功，其人均 GDP 略低，在 7000 美元左右，仍位居欧盟底部。

爱沙尼亚是欧盟面积最小的国家之一，有 140 万居民，其中一半以上生活在首都塔林及其附属区。爱沙尼亚人大部分是新教徒。

"说实话，我们毕竟是一个大家庭。"第一任总统伦纳特·梅里谈到他的人民时如是说。

芬

兰

历史上，芬兰被瑞典统治长达 600 年，被俄罗斯统治长达 100 年。

1916 年，社会民主党成为芬兰议会中的多数派。1917 年，芬兰宣布独立。随后，芬兰政治家不遗余力地主张这种独立性。第二次世界大战后，芬兰成为唯一没有进入社会主义阵营的欧洲邻国。从此，芬兰注重保持中立，积极培养与东方和西方的良好关系，这在冷战时期需要相当的外交技巧。

苏联解体后，芬兰完全转向西方，并于 1995 年成为欧盟成员国。

地理和气候条件延缓了该国的工业化进程，和其他斯堪的纳维亚国家一样，芬兰的工业化自 20 世纪 50 年代才开始。从 80 年代开始，芬兰发展为一个服务型社会。今天芬兰最重要的出口商品来自高科技产业，这就是为什么它现在也以著名的手机制造商诺基亚为名而被叫作"诺基亚国"（Nokialand）。

芬兰人均 GDP 稳步增长，目前达到 3.16 万美元。

芬兰有 520 万居民，其中约 90% 是新教徒。自 1917 年以来，芬兰一直是议会制共和国，首都位于赫尔辛基。除芬兰语外，芬兰南部部分地区说的瑞典语，是第二官方语言。

今日欧洲国家简况

法

国

　　法国是欧洲最伟大的国家之一。自 1789 年革命以来，它一直认为自己是欧洲国家中为人权和公民权利而战的国家。1789 年之后，法国试验过多种国家和政府形式。曾经多次交替实行过共和制和君主制，直到共和制最终在 1870 年获胜。

　　1958 年，戴高乐为第五共和国起草了一部宪法，旨在显著加强总统的地位，这部宪法是由民众投票通过的。此后，总统由人民直接选举产生，连续任职 7 年，是法国最有权势的人。第五共和国的第一任总统是戴高乐，他的主要目标是让法国赢得在欧洲的领导地位。

　　20 世纪 50 年代初，法国还是一个农业和殖民国家，很少关注欧洲市场。之后，法国国力迅速变化，发展为世界十强工业国家。尽管付出了一切努力，但法国人均 GDP 为 2.9 万美元，仍落后于德国，这或许让法国人略感不爽。

　　法国是一个拥有约 6000 万居民的天主教国家，其中有 1000 万人居住在首都巴黎这个国际化大都市。

希

腊

　　希腊是欧洲的摇篮，但它不是欧洲共同体的创始成员之一。第二次世界大战后，这个国家忙于应付自己的事情。在亲苏联和亲西方的集团之间，长期的内部政治斗争最终导致1967年的军事政变。希腊人在军事独裁统治下生活了7年。1974年，军事独裁者将权力交还给平民，全民公决废除了君主制。从那时起，希腊成为议会民主共和国。

　　在是否加入欧盟问题上，希腊民众和议会进行了很长时间的激烈辩论。这个国家想要保持独立，但同时又盯着欧盟的资金，因为其国内经济形势绝非乐观。1981年，希腊终于加入欧盟，自此以后，希腊成为从欧盟金库中获得最多补贴的国家之一。

　　欧盟的资金和高额的公共设施投资，特别是对2004年雅典奥运会的投资，促使希腊经济迎来了强劲增长，经济状况得到了显著改善。尽管如此，希腊人均GDP为1.65万美元，仅位居欧盟中游。

　　目前，希腊有1050万居民，其中97%是希腊东正教徒，每个希腊人平均每年会接待一名游客，首都雅典是世界上访问量最大的城市之一。

今日欧洲国家简况

欧盟成员国

大不列颠和英国这两个名称经常被互换使用，有时英国也被称作联合王国。仅此一项就说明，这个岛国的状况有一点复杂。

也就是说：联合王国由大不列颠和北爱尔兰组成。大不列颠包括英格兰、苏格兰和威尔士。直到 20 世纪初，整个爱尔兰都是英国的一部分。然后爱尔兰共和军（IRA）为争取独立进行了斗争，但以新教为主的北爱尔兰宁愿停留在英国统治之下。爱尔兰共和军对此坚决反对，并为爱尔兰统一而与恐怖袭击斗争了数十年。1994 年，爱尔兰共和军与英国政府之间的和平谈判终于开始，但冲突的最终解决方案尚未达成。

直到 20 世纪中叶，英国仍将自己视为世界强国，而对欧洲兴趣不大，到了 60 年代情况才发生了改变。但即使在 1973 年加入欧共体之后，英国人并没有成为热情的欧洲人。和丹麦人一样，他们也拒绝引入欧元，直至今日，他们仍然坚持使用英镑。

1945 年后，英国的经济发展滞后，明显落后于欧洲。仅在 90 年代，其经济增长速度才超过其他欧洲国家，而今天英国人均 GDP 为 3.03 万欧元，略高于德国和法国。

英国的政治制度有一个特点：该国没有成文宪法。传统和习俗导致了议会君主制，首相由多数党提名。首相是英国政治中权力最大的男人（以玛格丽特·撒切尔为例，她是权力最大的女人）。

北爱尔兰、苏格兰和威尔士有自己的议会和政府。政策与邻里密切协调，但也都非常重视各自的独立性。联合王国的国家元首是英国君主或女王，其共同首都是伦敦。

在 6000 万英国人中，大约三分之二属于新教教会，15% 是天主教徒。

爱
尔
兰

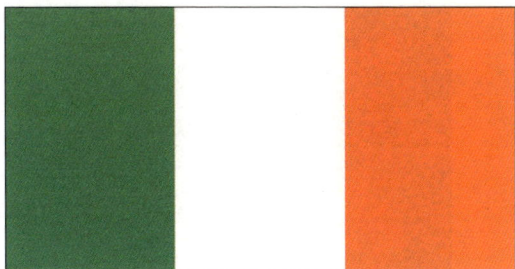

　　爱尔兰经过长期的斗争最终脱离了大不列颠。尽管如此，该国在经济上仍然依赖这个大邻居，几乎所有的外贸都与英国相关。爱尔兰人希望，加入欧共体后能改变这一现状，因此他们积极推动加入的进程，在一次公投中，83%的人投了赞成票，比任何其他国家都多。不过，加入欧共体后的积极影响没有爱尔兰人预期得那么明显。在20世纪80年代初，通货膨胀率和失业率都是20%，并且国家负债累累。但随后经济开始增长，起初比较缓慢，然后在20世纪90年代开始迅速增长。增长率每年高达10%，爱尔兰从而成为欧盟增长率最高的国家。如今，爱尔兰人均GDP为3.98万美元，明显高于其大邻居。

　　爱尔兰脱离英国独立后成为一个共和国，议会和政府所在地是首都都柏林。

　　在400万爱尔兰人中，很少有人会说爱尔兰语，他们主要居住在大西洋沿岸，人们一般都讲英语。大多数爱尔兰人是天主教徒。

今日欧洲国家简况

意

大

利

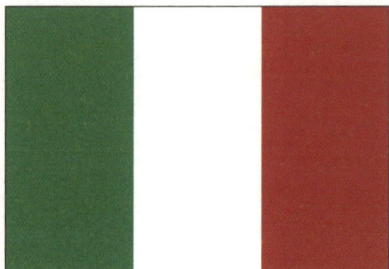

意大利首都罗马曾经是古罗马帝国的起点和中心。直到今天，欧洲许多地方的罗马式道路和城市都见证了这一点。但像所有帝国一样，罗马帝国并没有持续多久。几个世纪后，它逐渐缩小并最终成为意大利。1946 年，意大利人举行全民公投，反对君主制，赞成共和制。后来发展为多党制，通常形成由多个政党组成的政府联盟。这种联盟往往不会持续很长时间，平均不到一年。本届意大利政府是战后第 59 届政府。

意大利经济的特点是，在工业化的北方和以农业为主的南方之间存在巨大的差距，南部失业率较高。

意大利是阳光和文化追求者的经典旅游目的地之一，过去 50 年里，旅游业成为意大利重要的经济发展因素。旅游业为服务业的发展做出了重大贡献，旅游业从业人数远多于农业和工业。意大利拥有近 5800 万居民，人均 GDP 为 2.55 万美元，是世界上最重要的工业国家之一。

意大利是一个天主教国家。在首都罗马的中间，坐落着天主教会的小梵蒂冈国和教皇的座堂。

1918 年，拉脱维亚首次成为一个独立的国家。在 1918 年宣布独立之前，该地区在千年内属于各个大国。后来这个小国就像波罗的海的邻国一样成为苏联加盟国之一。1991 年，拉脱维亚共和国宣布独立。

然而，拉脱维亚脱离苏联并向议会民主制过渡的过程比邻国花费了更长时间。它直到 1993 年 6 月才举行了自由选举，改革的力量得以占上风。但不稳定的联合政府和腐败事件为年轻的民主制带来诸多困扰。

计划经济向市场经济的转变进行得不如北部邻国爱沙尼亚顺利；农业和工业萎缩，尽管其起点已经很低。截至 1998 年，拉脱维亚对外贸易的重心在东部，贸易重心向西转移后，经济状况才有所改善。当这个"波罗的海摇摇欲坠的候选国"已明确将被欧盟接纳为成员时，拉脱维亚的经济开始快速发展。尽管如此，该国人均 GDP 仅为 5200 美元，若要赶上去，还有很多事情要做。

230 万拉脱维亚人中有三分之一居住在首都里加。官方语言是拉脱维亚语，但就像在其他波罗的海国家，很多人也说俄语。约一半的拉脱维亚人是新教徒，四分之一是天主教徒，约 10% 的人信仰俄罗斯东正教。

今日欧洲国家简况

欧盟成员国

立

陶

宛

立陶宛可以被称作"波罗的海之南"。苏联解体前,它隶属于苏维埃共和国,其工业化水平和生活水平都是最高的。

1991年独立后,该国与东部邻国一直保持着良好的关系。因为国民的生活相对来说比较好,转向西方以及向市场经济过渡的步伐最初是小规模的。直到20世纪90年代中期,改革进程才加速,并以加入欧盟和北约为目标。加入欧盟前三年,立陶宛经济大放异彩,是欧洲增长率最高的国家。尽管如此,其人均GDP为5400美元,仍属欧盟最贫穷国家之一。

立陶宛是议会制共和国,首都为维尔纽斯。350万居民中大多是天主教徒。与爱沙尼亚和拉脱维亚一样,立陶宛尚不属于欧元区,仍使用自己的货币。

就国土面积和人口而言，卢森堡在欧盟里是一个小矮人。但是，就人均 GDP 5.7 万美元来说，它又是一个巨人，孤独地站在山顶上。一个小国这么有钱，这是怎么回事？

与其他国家相比，卢森堡在 1945 年后为资本所有者和公司提供了非常优惠的税收条件，因此常常被称为避税天堂。这个条件吸引了很多外国公司和资本进入该国，它为那些寻求银行保密以逃避税收的外国资本提供了庇护。于是，其首都卢森堡形成了一个蓬勃发展的金融和银行系统，如今卢森堡 70% 的金融从业者在这里工作，这在世界上是独一无二的。

多年来，其他欧盟国家越来越多地批评卢森堡的金融政策，称它为避税和洗钱提供了便利。现在当局开始与外国税务调查员开展更密切的合作，但这不会从根本上改变他们的资本友好政策。

卢森堡是议会君主制国家，官方名称是"卢森堡大公国"，大公的地位高于其他欧洲国家的君主。

卢森堡大公国是天主教国家，拥有 45 万居民。他们中的许多人来自周边国家，这一点在历史上往往决定了这个小国的命运。因此，经过几个世纪的演变，卢森堡逐渐发展出一种混合了德语、荷兰语和法语元素的语言。此外，德语和法语也是其官方语言。

卢

森

堡

今日欧洲国家简况

欧盟成员国

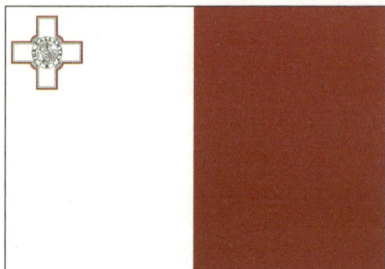

拿破仑于 1798 年征服了这个地中海里的岛屿，但仅仅两年后，法国人就被英国人从马耳他赶走了。英国人随后称马耳他是受英国国王保护的殖民地。对于英国人来说，这个岛屿是大英帝国最重要的海军基地之一。近 150 年里，马耳他一直是大英帝国的殖民地，直到 1964 年宣布独立。之后，英国军队在岛上又驻扎了 15 年，最后一批英军于 1979 年 3 月 31 日撤出。从那时起，这一天成为马耳他的节日。

马耳他共和国是世界上人口最稠密的国家。40 万马耳他人中的绝大多数是天主教徒，而且是非常虔诚的天主教徒，这一点可以从该国禁止离婚的法律规定等方面得到证明。

马耳他三分之一的劳动者从事旅游业，旅游业已发展成为国民经济中最重要的行业。来自英国的游客在马耳他会感觉特别舒服，英语是除马耳他语之外的第二官方语言。这里在路上开车靠左行驶，有英式早餐和英式啤酒。

2004 年 5 月 1 日，马耳他加入欧盟，人均 GDP 为 9800 美元，位居欧盟中下游水平。

荷兰（又译为尼德兰，意为低地国家）这个名字的由来与其地形有关，这里大部分地区是平原，且部分地区低于海平面。这就是这个国家不得不利用长长的堤坝来保护自己的原因，堤坝现在的长度已达到 3000 千米。尼德兰通常被称为荷兰，这其实是不正确的，因为荷兰只是这个国家里的一个区。

在 16 世纪和 17 世纪，荷兰曾是欧洲最大的航海和贸易大国，在世界各地都有殖民地。但是，他们无法维持这个地位。1831 年比利时脱离荷兰后，新成立的"荷兰王国"选择了政治中立。"二战"期间，德国军队不顾这种中立性仍然占领了该国，这种痛苦的经历导致荷兰战后放弃了中立政策。后来，荷兰成为北约的创始成员和欧洲一体化的推动力量。

荷兰是议会君主制国家，首都为阿姆斯特丹。1600 万居民中超过三分之一的人不属于任何教派，36% 是天主教徒，26% 是新教徒。

与其他欧洲国家一样，服务业成为荷兰最重要的经济行业。荷兰以其高度专业化的农业而闻名，这里盛产奶酪和蔬菜，盛产并出口花卉。人均 GDP 为 3.15 万美元，位居欧洲前列。

今日欧洲国家简况

欧盟成员国

今天的奥地利是前二元君主制奥匈帝国的"残余",直到1918年,它曾经占据中欧大片疆域。随着多民族国家的崩溃,这个欧洲主要大国从政治舞台上消失了。1920年,年轻的共和国通过了一部民主宪法。但在20世纪30年代,法西斯势力占了上风,经过内乱之后,奥地利于1933年3月与第三帝国"结合"。"二战"后,奥地利被划分为4个占领区。1955年恢复国家主权,宣布"永久中立"。由于其中立立场是非常认真的,所以最初对于是否加入欧洲共同体持非常审慎的态度。直到1989年,奥地利才申请加入,1995年成为欧盟成员。2004年欧盟东扩后,奥地利从欧盟的边缘国家转变为中心国家,这为其经济提供了相应的发展机会。

如今奥地利人均GDP为3.14万美元,略高于德国。旅游业在其中发挥了重要作用,奥地利是欧洲最受欢迎的度假胜地之一。从阿尔卑斯山白雪覆盖的山脉到东南部的湖岸,游客有许多度假可能性。此外,被称为莫扎特之城的城市萨尔茨堡和首都维也纳每年都能吸引数百万访客。

810万奥地利人大多是天主教徒。

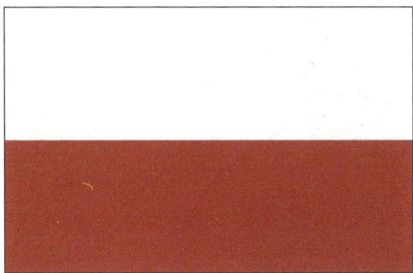

　　"Nie damy sie！"——"我们绝不屈服！"这是波兰人抵抗纳粹期间的座右铭，它也同样适用于波兰的历史。因为历史上波兰人不得不一次又一次地与强大的西部和东方邻居作战。1795 年，普鲁士、奥地利和俄国甚至瓜分了这个国家，波兰从政治版图上消失了 123 年。直到 1918 年，它才又成为一个独立的国家。

　　1939 年 9 月 1 日，纳粹德国突袭波兰，第二次世界大战爆发，它给波兰人民带来了难以形容的苦难。"二战"后，波兰的边界被重新划定：东部以寇松线为苏波边界，波兰的西部边界向西推移到奥德河－尼斯河线。波兰加入社会主义国家阵营。1978 年，克拉科夫大主教卡罗尔·沃伊蒂瓦被选为教皇，[1] 这增强了虔诚信奉天主教的波兰人的自信。1980 年东欧第一个独立工会组织团结工会，在波兰成立，1989 年团结工会在提前举行的议会大选中获胜。

　　在民主化和影响深远的改革之后，波兰经历了一个小小的经济奇迹。低成本的劳动力吸引了许多西方公司前来设立分支机构。在过去的 15 年里，没有其他东欧国家能够获得如此多的投资，这当然带来了基础设施的改进。尽管如此，波兰工业和农业仍然经常使用过时且对环境有害的机器和系统进行生产。因此，波兰人均 GDP 略低于 5700 美元，在欧盟内排名靠后。

　　今天，波兰拥有约 3900 万居民，首都位于华沙，是一个议会制共和国。

---

　　[1]　卡罗尔·沃伊蒂瓦即圣若望·保禄二世（1920—2005），是罗马天主教第 264 任教皇，于 1978 年 10 月 16 日被选为教皇。他生于波兰，是首个成为教皇的斯拉夫人。——译注

今日欧洲国家简况

欧盟成员国

15 世纪，葡萄牙海员作为第一批航行于世界海洋的欧洲人，发现了通往亚洲的海路，由此葡萄牙成为殖民强国。但是一个世纪后，它就被新海上强国荷兰和英国所取代，失去了优势地位。

20 世纪初，共和派与君主派之间发生斗争，最终于 1911 年以宣布成立共和国而结束。但是新成立的共和国从一开始就很不稳定。1926 年军队发动政变，建立了独裁政权。该国花了将近 50 年的时间才重新走上议会民主制的道路，但是步履维艰，因为它的经济状况非常糟糕：国家负债累累，人均收入在欧洲最低，通货膨胀率为 25%。因此，人们称之为"欧洲的贫民窟"。

1986 年加入欧共体为葡萄牙各方面的状况带来了显著的改善，政局也趋于稳定。其人均 GDP 为 1.42 万美元，居欧盟中游水平。

葡萄牙有 1050 万居民，其中绝大多数是天主教徒。首都和政府所在地是里斯本。

自 2004 年 11 月起，葡萄牙政治家何塞·曼努埃尔·巴罗佐任欧盟委员会主席，他是一位带有欧洲风格的政府首脑。

　　罗马尼亚和保加利亚一起于 2007 年 1 月 1 日成为欧盟成员国，尽管两国都存在类似的问题。

　　"二战"后，这个国家像它的南部邻国一样，加入了社会主义阵营。但自 20 世纪 70 年代以来，在尼古拉·齐奥塞斯库的领导下，罗马尼亚一直在尝试逐步解决与苏联"老大哥"的问题。

　　齐奥塞斯库想把罗马尼亚变成一个欧洲大国，他拆散了 8000 个村庄，将其重组为大集体。他认为，这样可以使农业生产变得更有效率。然而，在他眼里最重要的是，要全力发展钢铁工业。但是这难以两全，到 20 世纪 80 年代中期，罗马尼亚已没有债务偿付能力。

　　人民的处境越来越艰难，1989 年秋天，东欧的动荡也引发了罗马尼亚的血腥冲突。1989 年 12 月 25 日，尼古拉·齐奥塞斯库和他的妻子埃琳娜被送上军事法庭受审，快速审判后被枪决。

　　罗马尼亚人均 GDP 为 2800 美元，仅略领先于保加利亚。

　　在政治上，罗马尼亚自 1991 年起已发展成为议会制共和国，首都为布加勒斯特，2200 万居民中 87% 信奉东正教。

欧盟成员国

瑞

典

  经过多次战争之后，瑞典决定在 19 世纪中叶以和平方式走向未来。它从战争中摆脱出来并保持中立，这使得瑞典在很大限度上不受干扰地发展成为议会民主制国家，并且比其他国家更早地创建了社会福利制度，从而使瑞典在 20 世纪成为历史上第一个福利国家。人生的一切都由国家照顾——"从摇篮到坟墓"，这句话成为一句格言。当然，这要花很多钱，国家必须从公民那里得到这些钱，因此税收异常高。对于高收入群体，税率最高可达 90%，这样就可以使瑞典人更加平等。在 20 世纪 80 年代，针对这种瑞典模式，人们发出越来越多的批评声音。许多人感到，国家对公民的管束太多，他们不愿接受这种"均贫富"的理念，并想要更多的个人自由和责任。伴随着这种情绪，瑞典发生了战后第一次经济危机，调整社会福利政策势在必行。

  瑞典非常重视它的中立性和发展模式，长期以来，它对欧洲一体化持谨慎态度。直到 20 世纪 90 年代初才发生变化，1995 年瑞典和芬兰一起成为欧盟成员国，但瑞典人想保留他们的货币克朗。

  瑞典自 1909 年以来一直是议会君主制国家，首都为斯德哥尔摩。900 万瑞典人中的绝大多数人是新教徒。人均 GDP 为 3.45 万美元，位居欧盟中上游水平。

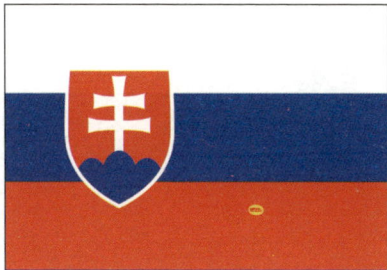

1989 年 11 月，捷克斯洛伐克发起"天鹅绒革命"①，实行多党议会民主制。革命后的问题就是应该如何重新组织和设计这个国家。新的领导层希望维护国家统一，但是在斯洛伐克，自治的呼声越来越高。1993年 1 月 1 日，斯洛伐克共和国成为一个主权国家。

斯洛伐克的开端比以布拉格为首都的捷克要困难得多。首先，斯洛伐克必须建立新的政府和行政机构。在经济政策方面，计划经济向市场经济转变迫在眉睫，并且其经济水平偏低，因为工业工厂大部分都在捷克。尽管已经付出了巨大的努力，多年来，这个国家仍然存在许多问题，尤其是失业率偏高，接近 20%，人均 GDP 仅为 6400 美元，是欧盟最贫穷的国家之一。斯洛伐克于 2004 年成为欧盟成员。

斯洛伐克有 540 万居民，其中大多数是天主教徒。首都布拉迪斯拉发曾经被称为普莱斯堡，位于多瑙河畔，靠近奥地利边境。

---

① "天鹅绒革命"是与暴力革命相对比而言的，指没有经过大规模的暴力冲突就实现了政治制度更迭，如天鹅绒般平和柔滑。——译注

今日欧洲国家简况

欧盟成员国

斯洛文尼亚

历史上很长时间里,斯洛文尼亚曾经是奥地利帝国的一部分,如今它的一些城市建筑中仍然可以看到奥地利帝国的痕迹。"二战"后,它成为新成立的南斯拉夫的一部分,处于铁托总统的统治下。由于其地理位置和历史,斯洛文尼亚在铁托时期与西方有良好的接触,这有利于其经济发展,并且也带动了旅游业,人民生活水平由此得以提高,且高于所有东欧国家。

1980年铁托去世后,南斯拉夫各地区要求独立的呼声越来越高。贝尔格莱德政府想尽一切办法,包括使用军事手段维持国家统一。但当苏联解体时,南斯拉夫也分崩离析。1991年6月,斯洛文尼亚宣布独立,并通过了一部以西方民主国家宪法为蓝本的宪法。由此,斯洛文尼亚有史以来第一次成为独立国家。

得益于良好的经济形势,斯洛文尼亚比较快地过渡到市场经济。然而,迄今为止,其经济私有化进行得相对迟缓;一半以上的公司仍然属于国有。人均GDP为1.42万美元。

斯洛文尼亚共和国首都位于卢布尔雅那,2004年5月1日成为欧盟成员国。200万斯洛文尼亚人中大多数是天主教徒。

1492 年，克里斯托弗·哥伦布发现美洲大陆，这为西班牙崛起成为世界强国奠定了基础。哥伦布和他的后继者从中南美洲带回来的巨额财富使这个国家富裕起来。但是 200 年后，西班牙再次成为欧洲的边缘国家。

经过多次权力斗争和战争，西班牙于 1936 年成为共和国。左翼集团和右翼集团之间发生了长达三年的内战。由于得到了意大利和德国法西斯"兄弟国家"的支持，佛朗哥将军的军队最终取得了胜利。佛朗哥成为西班牙的独裁者，直到他 1975 年去世。在他还活着的时候，他将年轻的王子胡安·卡洛斯培养成人并指定他将来以国王的身份继位。但新国王根本没有考虑要实行君主制。令人惊讶的是，他谨慎而明智地领导这个国家走向了民主之路。

在佛朗哥时代结束时，西班牙仍然是个以农业为主的国家，工业发展相对落后，蓬勃发展的旅游业是当时最重要的经济来源。

国家民主化后，由于赶超他国的需要，西班牙经济开始快速增长，1986 年加入欧共体后得到了进一步推动。今天西班牙的人均 GDP 为 2.12 万美元，位于欧盟中游水平。

西班牙拥有 4100 万居民，是一个严格的天主教国家。首都马德里海拔 800 米，是欧洲国家中海拔最高的首都。

欧盟成员国

捷

克

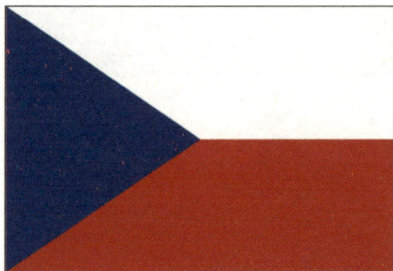

　　1968 年的"布拉格之春"已经被载入史册。当时，亚历山大·杜布切克周围的共产党领导人试图探索"具有本国特色的社会主义道路"。这次探索遭到苏联的强烈反对后结束了。

　　30 年后，苏联解体，捷克斯洛伐克人民通过"天鹅绒革命"实现了政权的更迭。在这场革命之后，出现了如何重组和设计国家的问题。新领导层希望维护国家统一，但捷克与自认为受歧视的斯洛伐克之间的紧张局势日益加剧，最终两者分开了。1993 年 1 月 1 日，捷克共和国作为一个主权国家成立，以布拉格为首都。

　　先前启动的经济私有化被继续大力推进，计划经济逐渐向市场经济转变。由于靠近德国和奥地利，经济发展变得更容易，因为两国都在捷克投资并在那里创造了就业机会。捷克人均 GDP 为 9000 美元，在所有东欧集团国家中是最高的，不过仍位居欧盟的中下游水平。

　　捷克共和国 1020 万居民中约有 40% 不属于任何教派，大多数信徒是天主教徒。

匈

牙

利

　　"一战"后，奥匈帝国的哈布斯堡二元君主政体解体，今天的匈牙利由此诞生。在"二战"期间，它与希特勒德国一起对抗苏联。"二战"后匈牙利加入华沙条约组织，其社会和经济都照搬苏联模式。匈牙利人对此表示抗议，但又不得不接受一个现实——他们无法摆脱"老大哥"的束缚。所以，他们试图通过谨慎的改革来改变他们的国家，这为匈牙利赢得了最自由的社会主义国家的美誉，有人叫它"古拉西共产主义"①。

　　20世纪80年代，"老大哥"的问题日益加剧，匈牙利决心采取以西方为导向的改革政策。因此，1989年后，与东欧其他国家相比，匈牙利向民主和自由市场经济过渡得更为顺利。

　　匈牙利的经济私有化已基本完成，工业已逐步实现现代化，西方国家的投资对此做出了重要贡献。如今匈牙利的人均GDP为8500美元。

　　匈牙利是一个议会制共和国，首都为布达佩斯。该国有1020万居民，其中约三分之二是天主教徒。

----

　　① 20世纪50年代末，苏共总书记赫鲁晓夫访问匈牙利，他在一次群众集会上说，到了共产主义，匈牙利人就经常可以吃"古拉西"了。"古拉西共产主义"由此得名。"古拉西"是匈牙利饭菜中一道家常名菜，通常也被译为"土豆烧牛肉"，所以"古拉西共产主义"又可译为"土豆烧牛肉共产主义"。——译注

今日欧洲国家简况

欧盟成员国

塞浦路斯

1960 年塞浦路斯宣布独立之前，这个地中海岛屿是英国的殖民地。此后不久，希腊和土耳其之间爆发了战争，并且愈演愈烈，最终导致塞浦路斯自 1974 年一直处于分裂状态。其北部被土耳其占领，1983 年宣布为"北塞浦路斯土耳其共和国"。塞浦路斯共和国南部居住着塞浦路斯希腊人。

过去 20 年里，联合国的几次调解尝试均未成功，至今塞浦路斯仍然处于分裂状态。尽管如此，西方国家在 1998 年开始就塞浦路斯加入欧盟问题进行谈判，他们希望借此达成这个国家的统一。但统一并没有达成，而且整个塞浦路斯也没有加入欧盟，因为塞浦路斯希腊人投了反对票。因此，自 2004 年 5 月 1 日起，只有土耳其北塞浦路斯成为欧盟成员国。它有 20 万居民，其中大多数是穆斯林。两者有共同但分裂的首都尼科西亚。整个塞浦路斯人均 GDP 为 1.5 万美元。不过，经济效益更高的希腊南塞浦路斯，人均 GDP 明显高于土耳其北塞浦路斯。

处于与欧盟谈判阶段的欧洲国家

克罗地亚

克罗地亚希望成为欧盟成员，并自 2003 年以来是正式申请加入欧盟的候选国。专家们预计，克罗地亚将会作为第 28 位成员被欧盟接纳。

像所有从前南斯拉夫分离出来的国家一样，克罗地亚走过的道路也很艰难。1991 年 6 月宣布独立后，它与塞尔维亚发生了冲突。随后又发生了一场残酷的内战。在这场战争中，米洛舍维奇能够支配以塞尔维亚人为主的南斯拉夫军队及其武器库。因此，塞尔维亚人比克罗地亚人明显占优势。这一点在波斯尼亚和黑塞哥维那也很明显，那里也爆发了内战，塞尔维亚人和克罗地亚人也被卷入战争。在联合国的压力下，克罗地亚战争于 1992 年 1 月结束。"克罗地亚民主共同体"成为年轻的共和国的领导党。他们的政策是严格的民族主义，在政府、企业和媒体的重要职位上，都由忠于党的人担任。这种情况只有在 1999 年由社会民主党领导的联盟接管首都萨格勒布的政府后才发生变化。自那以后，克罗地亚在国家、经济和社会方面进行了重大改革，使它踏上了走向欧盟之路。

旅游业在南斯拉夫时代已经是国家重要的收入来源，近几年来再次蓬勃发展，伊斯特拉半岛是一个备受欢迎的度假胜地。这一发展使克罗地亚人均 GDP 增至 6600 美元。在克罗地亚的 450 万居民中，绝大多数是天主教徒。

处于与欧盟谈判阶段的欧洲国家

土

耳

其

　　2005 年 10 月 3 日对土耳其是一个具有历史意义的日期。经过一段漫长而艰难的过程之后，欧盟国家终于在这一天与土耳其政府就启动土耳其加入欧盟的谈判达成一致。

　　早在 80 年前，在现代土耳其的创始人凯末尔·阿塔图尔克统治时期，土耳其就已经开始为转向欧洲做准备。1923 年后，他推动了一系列影响深远的激进改革，使土耳其成为一个欧洲的民族国家。在此基础上，"二战"结束后，土耳其才有可能成为欧洲经济合作组织（OEEC）、欧洲委员会和北约的成员。

　　尽管如此，双方都曾发出过警告的声音。关于土耳其是否属于欧洲，是否属于欧盟的问题，人们产生了很大分歧。有人试图找出一种自欺欺人的出路，即将博斯普鲁斯海峡这一边的土耳其纳入欧洲，将海峡另一边的土耳其纳入亚洲，但这根本行不通。因为，假如入盟谈判成功，整个土耳其都将成为欧盟成员国。说的是假如！许多政客和专业观察家甚至怀疑会走到那一步。他们认为，尽管进行了改革，但以伊斯兰教为主导的土耳其在价值观方面与其他欧洲国家差别太大，因此，土耳其和欧盟很难融合到一起。即使是持乐观态度的人，至少也认为双方的谈判将异常艰难，并且或许会持续 15 到 20 年，至于结局将会如何仍然是未知数。

　　在政治上，土耳其已经发展成为一个运作良好的议会制共和国。在经济上，这个国家仍然和从前一样落后。超过三分之一的从业人员仍从事与农业相关的工作，一部分人的生活状态类似于他们的祖先。与之形成鲜明对照的是特大城市里充满活力的生活，尤其是在伊斯坦布尔和首都安卡拉。土耳其人均 GDP 为 3700 美元。

　　土耳其有 7100 万居民，其中 99% 是穆斯林。

2005 年 12 月，欧盟决定将马其顿列入加盟候选国名单。

巴尔干半岛上的这个国家，是以前世界帝国的小部分残余。那个时候，这里还是亚历山大大帝统治的地盘，但今天只有在历史书上才能找到它。

像其他从南斯拉夫分离出来的国家一样，马其顿于 1991 年宣布独立，尽管它的基础设施非常糟糕。这里是最落后的地区，几乎没有工业，且失业率超过 30%。此外，占人口约四分之一的阿尔巴尼亚少数民族从一开始就要求更多的自治权。

但这个新国家的发展比大多数人预期的要和平得多。它受到所有邻国的尊重，并得到了国际认可。似乎马其顿将成为其他巴尔干国家的榜样，不过也只是似乎如此而已。2001 年春天，阿尔巴尼亚人发动了武装起义。这表明，所谓的稳定是多么脆弱。通过国际调解，并且在巨大的政治压力下，暴力冲突才最终结束。直到 2005 年年底，北约和欧盟的军队及警察都驻扎在那里，以确保其和平发展。

自独立以来，马其顿的经济没有发生太大变化：工业仍然很少，30% 以上的人仍然失业；仅少数农产品出口，主要是烟草。人均 GDP 仅为 2300 美元。

马其顿是一个议会制共和国，首都为斯科普里，200 多万居民中有近四分之一居住在首都。居民中约 60% 是东正教徒，30% 是穆斯林。

今日欧洲国家简况

欧洲其他地区

阿
尔
巴
尼
亚

阿尔巴尼亚，这个位于亚得里亚海南部的巴尔干小国可以被称作"欧洲不为人知的国家"。"二战"后，它属于社会主义阵营，却始终想努力走自己的路。首先它与不结盟的南斯拉夫联合，然后它又靠向苏联，并以苏联模式塑造国家。但在 20 世纪 50 年代后期，两国关系出现了紧张局势；1961 年，阿尔巴尼亚与苏联断交。

由于得不到资金支持，这个国家很快就成为欧洲最贫穷的国家。但这里的共产党顽固地坚持自己的道路。在 20 世纪 90 年代初期，极端贫困和饥荒使 35 万人逃离阿尔巴尼亚。与之相反，1998 年和 1999 年，超过 60 万难民从科索沃逃到阿尔巴尼亚，这使情况进一步恶化。已经投入的国际援助也只能缓解问题，而不能解决问题。直至今日，该国在经济和社会方面仍然是欧洲最落后的国家之一。

在政治上，阿尔巴尼亚自 1991 年以来一直是议会制共和国。然而，近 10 年来，相互敌对的政党关心自己的利益胜过关心国家。

300 万阿尔巴尼亚人中约有一半的人从事农业劳动，使用的大部分也是完全过时的方法和机器。因此，其人均 GDP 仅为 2000 美元。

唯一拥有超过 10 万居民的城市是首都地拉那。70% 的阿尔巴尼亚人是穆斯林，30% 属于各种基督教教派。

波斯尼亚－黑塞哥维那

波斯尼亚－黑塞哥维那是 20 世纪 90 年代初脱离南斯拉夫后成立的 5 个国家之一，众所周知，部分国家的独立是通过血腥内战才得以成功的。

三个民族在波斯尼亚和黑塞哥维那相互交战：波斯尼亚人、塞尔维亚人和克罗地亚人。后来通过联合国和北约的干预才结束了内战。1995 年 11 月，各方在代顿①达成一项协议，提供了一个不同寻常的解决方案：

波斯尼亚－黑塞哥维那共和国分为两个国家，波斯尼亚－克罗地亚联邦和塞尔维亚共和国；两者在一个共同的议会中合作；在议会和所有国家机构里，三方代表地位平等；国家元首由一个三人执行委员会组成。

国际社会以高级代表和国际维和部队（SFOR）的形式监督国家的运作。

然而，新国家并没有像代顿的政客们想象的那样发展。到目前为止，这三个民族的合作还没有达到预期的效果。内战造成的破坏使波黑成为欧洲最贫穷的国家，其人均 GDP 仅为 1800 美元，仍然落后于阿尔巴尼亚。

在超过 400 万居民中，45% 是穆斯林，30% 是东正教徒，15% 是天主教徒。

首都位于萨拉热窝，官方语言是波斯尼亚语、克罗地亚语和塞尔维亚语。

---

① 代顿，美国俄亥俄州西南部城市。——译注

今日欧洲国家简况

欧洲其他地区

我们看一下地球仪，冰岛似乎是挂在北极圈上，看起来好像这个岛与欧洲没有任何关系。但这种印象是错的。尽管地理上有距离，但是冰岛仍然是一个欧洲国家。民意调查显示，大多数冰岛人长期以来一直支持加入欧盟，但政治领导层对此持反对意见。他们认为有欧洲经济区（EEA）[①]的成员资格就足够了。

这个岛国的高生活水平给政客们提供了充足的理由，人均 GDP 为 3.57 万美元，位居欧洲中上游水平。

这可能会让许多欧洲大陆人感到惊讶，他们印象里的冰岛主要就是雪、冰和寒冷。但由于受到湾流的影响，该岛南部海岸的生活相当不错。冰岛 28.5 万居民中的绝大多数人都居住在这一区域，其中 18.5 万人居住在首都雷克雅未克，这里是自 1944 年以来独立的议会制共和国政府所在地。超过 90% 的冰岛人信奉基督新教。

冰岛人主要以捕鱼为生，近三分之二的出口收入来自鱼和鱼产品。旅游业已成为另一个重要的收入来源，每年都有越来越多的游客来到岛上，主要旅游景点是 200 座火山和无数的间歇泉。

---

① 欧洲经济区（european economic area）成立于 1994 年 1 月 1 日，由欧洲共同体 12 国和欧洲自由贸易联盟 7 国中的奥地利、芬兰、冰岛、挪威和瑞典 5 国组成，是当今世界最大的自由贸易区。——译注

挪威与欧共体和欧盟有一段曲折的历史，欧洲最北端的这块大陆已经 4 次申请加盟。法国分别在 1962 年和 1967 年拒绝了它的申请。但挪威政府并没有放弃，经过几轮谈判，欧共体最终同意接纳它。但挪威政府没有考虑到国民的意见，1972 年举行全民公投，结果 53.3% 的人投票反对加入。

20 年后，挪威政府——连同其斯堪的纳维亚邻国瑞典和芬兰——再次申请加入欧盟。1994 年又举行全民公投，结果仍以微弱多数拒绝加入。虽然政治领导层对国民感到恼火，但也不得不屈从于他们的意愿，这正是民主的体现。

与此同时，政府与欧盟签署了多项协议，以使其国民拥有与欧盟成员国的公民类似的权利。所以我们可以称挪威是"欧盟的半个会员"。

由于近年来大多数人在民意调查中投票赞成加入，现在只有一个问题，这半个会员何时成为正式会员。

欧盟非常欢迎挪威加入，因为它是一个富裕的国家，特别是它有丰富的石油和天然气储备。挪威的失业率是全欧洲最低的，人均 GDP 为 4.95 万美元。

450 万人生活在这个人烟稀少的国家，其中 86% 是基督教新教徒。挪威是一个议会君主制国家，首都位于奥斯陆。

挪

威

欧洲其他地区

　　南斯拉夫分裂以后，米洛舍维奇政权于 1992 年 4 月建立了南斯拉夫联盟共和国。这个"南斯拉夫的残余部分"由塞尔维亚和黑山共和国组成。塞尔维亚下辖伏伊伏丁那和科索沃两个自治省，那里居住着超过 200 万阿尔巴尼亚人和 20 万塞族人，他们之间暴力冲突不断。1998 年年底，以美国为首的北约开始介入科索沃危机。北约在 1999 年 3 月至 6 月轰炸了科索沃的塞尔维亚军事设施，随后，国际部队（KFOR）进驻科索沃。

　　2003 年 2 月，迫于欧盟压力，塞尔维亚－黑山国家联盟成立，贝尔格莱德为首都。合并旨在稳定该地区，但是政治上并没有达成统一。例如，这里存在两种货币：塞尔维亚使用第纳尔，黑山使用欧元。尽管欧盟提供了慷慨的支持，但两年后其人均 GDP 仅为 2000 美元。

　　许多黑山人从一开始就不愿意接受国家联盟，他们为建立一个自己的国家而斗争。2006 年 5 月 21 日，举行了全民公决，其中 55.4% 的人投票赞成脱离塞尔维亚。如果塞尔维亚和黑山最终"离婚"，那么欧洲就会诞生一个新的国家。

　　塞尔维亚和黑山共有 1070 万居民，其中，63% 是塞尔维亚人，17% 是阿尔巴尼亚人，5% 是黑山人，其余 15% 属于不同种族。宗教信仰的数字比例与之类似，63% 是东正教徒，占绝大多数，19% 是穆斯林，此外还有天主教徒、基督教新教徒和犹太教徒。

　　黑山这个新的小国有大约 62 万居民，其中 43% 是黑山人，32% 是塞族人。它是否能独立于世界还有待观察。①

---

　　①　2006 年 5 月，黑山就国家独立举行公投并获通过。同年 6 月 3 日，黑山宣布独立。6 月 28 日黑山加入联合国。——编者著

在席勒的《威廉·退尔》一剧中，乌里州、施维茨州和下瓦尔登州的代表们宣誓说："我们要成为同胞兄弟！"这三个创始州的联合在历史上确有其事。此后，其他州也加入了进来，从而扩大了"瑞士联邦"，这也是今天瑞士的正式国名。瑞士拥有不同的民族和文化群体，他们使用不同的语言。不过，他们有个共同点，就是都不想再被哈布斯堡王朝统治，而是要建立独立的瑞士联邦。虽然瑞士地处欧洲中部，但是它却能成功地远离战乱。对瑞士人来说，保持中立非常重要。为了维护这一中立地位，瑞士人于 2001 年 3 月投票反对加入欧盟。尽管如此，瑞士在欧洲并不孤立。瑞士与欧洲邻国和整个世界有着密切的经济联系。瑞士各大银行和公司，如雀巢和诺华均是全球经济活动的积极参与者。瑞士人均 GDP 高达 4.32 万美元，是世界上最富有的国家之一。

瑞士的政治制度也是瑞士人个性的表达。几个世纪以来，他们一直力争自己的事情自己做主，而不想让远在首都的绅士们做主。因此，瑞士宪法规定，重要的法律必须由公民投票表决。欧洲其他任何地方都没有如此多的直接民主。

瑞士的首都是伯尔尼，官方语言是德语、法语、意大利语和罗曼什语。在 730 万居民中，42% 是天主教徒，35% 是基督教新教徒，11% 不属于任何教派。

图书在版编目（CIP）数据

欧洲简史 /（德）曼弗雷德·马伊著；吕叔君译. — 北京：东方出版社，2023.3
ISBN 978-7-5207-3011-2

Ⅰ.①欧… Ⅱ.①曼… ②吕… Ⅲ.①欧洲—历史 Ⅳ.①K500

中国版本图书馆CIP数据核字（2022）第188903号

Author: Manfred Mai
Title: Europäische Geschichte
© 2007 Carl Hanser Verlag GmbH & Co. KG, München
Chinese language edition arranged through HERCULES Business &
Culture GmbH, Germany

中文简体字版专有权属东方出版社
著作权登记号：01-2022-2931

欧洲简史
（OUZHOU JIANSHI）

作　　者：［德］曼弗雷德·马伊　著
　　　　　吕叔君　译
策 划 人：王莉莉　王蒙蒙
责任编辑：王蒙蒙
特约审稿：姚德贵
产品经理：王蒙蒙

出　　版：东方出版社
发　　行：人民东方出版传媒有限公司
地　　址：北京市东城区朝阳门内大街166号　　　　邮　　编：100010
发行电话：（010）85924663　85924644　85924641

印　　刷：北京联兴盛业印刷股份有限公司
版　　次：2023年3月第1版　　　　　　　印　　次：2023年3月第1次印刷
开　　本：710毫米×1000毫米　1/16　　　印　　张：13.5
字　　数：172千字　　　　　　　　　　　印　　数：1-10000
书　　号：ISBN 978-7-5207-3011-2　　　定　　价：69.00元